KB169215

致韩国读者

非常高兴地得知，《易中天中华史》的韩文版，将要陆续与诸位见面。韩国读者都是我的老朋友，我的许多著作都被译为韩文在韩国发行。这次的新作，也希望大家能够喜欢。而且，我也相信韩国的朋友一定会喜欢。

谢谢大家！

2013年11月6日

『이중톈 중국사』의 한국어판이 속속 여러분과 만날 것이라는 소식을 듣고 무척 반가웠습니다. 한국 독자들은 제 오랜 친구입니다. 이미 저의 많은 저작이 번역되어 한국에서 발행되었기 때문입니다. 이번에 나오는 신작도 다들 좋아하셨으면 합니다. 저는 한국의 친구들이 꼭 좋아하실 것이라고 믿습니다.

2013년 11월 6일
이중톈

易中天中國史—02 국가

이중톈 중국사

易中天中華史：國家

Copyright ⓒ2013 by Yi Zhongtian
All rights reserved.
Korean copyright ⓒ2013 by Geulhangari Publishing Co., Ltd
This Korean edition was published by arrangement with Zhejiang literature & Art
Publishing House through Agency Liang

이 책의 한국어판 저작권은 에이전시 량을 통한 Zhejiang literature & Art Publishing
House와의 독점계약으로 (주)글항아리에 있습니다. 저작권법에 의하여 한국 내에서
보호를 받는 저작물이므로 무단 전재와 복제를 금합니다.

이중톈 지음 ― 김택규 옮김

易中天中國史 ― 02

국가

이중톈 중국사

글항아리

두터운 성벽과 예스러운 성문이
왕궁, 시가지, 농촌과 연결되면서
고대 문명이 야만의 땅에서 탄생했다.

문명은 인류가 스스로 무대에 올린 프로그램이며
첫 절정까지 전희가 매우 길었다.
사람들은 국가를 세우기 시작했고 국가는
문명시대와 선사시대의 분수령이었다.

국가와 인간

에덴동산을
떠나다

서기 1650년, 청나라 섭정왕 다이곤多爾袞이 세상을 떠난 그해, 제임스 어셔라는 아일랜드 대주교는 세심한 연구와 계산 끝에 하느님이 세상을 창조한 시점이 예수가 탄생하기 4004년 전이라고 발표했다. 게다가 그는 구체적인 시간까지 못 박았다. 일요일인 1월 28일이나 10월 23일 오전 9시라고 말했다.

어셔가 밝힌 그 시점은 퍽 흥미롭다. 고고학적 발견에 따르면 인류 최초의 문명이 기원전 3500년에서 3000년 사이에 탄생했다고 보기 때문이다. 다시 말해 어셔의 계산이 틀림없다면 인류의 탄생부터 문명의 탄생까지의 기간이 겨우 500년밖에 안 되기 때문이다.

물론 그것은 불가능한 일이다.

문명은 인류가 스스로 무대에 올린 프로그램이며 첫 절정까지 전희가 매우 길었다.

역사학자들이 제시한 시간표를 보면 440만 년 전의 오스트랄로 피테쿠스, 380만 년 전의 초기 원인猿人, 180만 년 전의 후기 원인, 30만 년 전의 초기 호모사피엔스, 5만 년 전의 후기 호모사피엔스, 그리고 인류의 정식 등장(부록 표 1–1과 표 1–2 참조)으로 이어진다. 유감스러운 것은, 증거인 화석의 부족으로 아직까지 에덴동산에서의 이브의 반란과, 무화과 잎을 이용한 인류 최초의 팬티의 발명이 언제 이뤄졌는지 입증하지 못한 것이다.

하지만 그 뒤의 일들은 꽤 분명해서 아래와 같이 표로 정리할 수 있다.

시대	사회 조직	문화 지표	대표 인물	이미지	시기 구분
점	원시공동체	나체 직립	이브		
면	씨족	생식 숭배	모계씨족 여와	물고기, 개구리, 달	삼황
			부계씨족 복희	새, 뱀, 태양	
편	부락	토템 숭배	초기 부락 염제	소	
			후기 부락 황제	곰(혹은 기타)	
권	부락연맹		초기 요		오제
			중기 순		
			후기 우		
국	부락국가	조상 숭배	하나라 계		

확실히 선사시대는 궤적이 단순하고 전개가 분명하다. 사회 조직은 순서대로 원시공동체, 씨족, 부락, 부락연맹, 부락국가였고 문화의 정도 역시 순서대로 점點, 면面, 편片, 권圈, 국國이었다. 가장 원시적인 문화는 세계 각지에 분산된 채 스스로 생겨나고 소멸했는데 이것이 바로 '문화점'이다. 이런 문화가 살아남아 발전을 이루고 강력해지면 '문화면'으로 바뀌었다. 이어 서로 다른 문화면들이 자체적인 분열과 확산, 상호 영향과 융합으로 인해 '문화편'이 되었고, 역시 서로 다른 문화편들이 이주, 연합, 겸병, 나아가 전쟁으로 인해 '문화권'을 형성했다. 이때는 이미 국가 단계에서 멀지 않은 시점이었다. 그리고 마침내 국가가 탄생함으로써 인류는 문명시대로 들어섰다.

문명은 차례로 발생했다. 아프리카 북부 나일 강 유역과, 아시아 서남부 티그리스 강과 유프라테스 강 유역에서 이집트 문명과 메소포타미아 문명이 가장 먼저 출현했다.[1] 메소포타미아는 그리스어로 '두 강 사이의 땅'이라는 뜻이다. 그 뒤 중국의 황허 강 유역, 남아시아의 인더스 강 유역, 그리고 남유럽의 에게 해 지역에서 황허 문명, 인더스 문명, 크레타 문명(미노스 문명)이 연이어 발생했다. 지금으로부터 2000~3000년 전의 일이다.

이것이 바로 인류 5대 문명이다.[2]

5대 문명은 각기 형태도 다르고 성격도 상이하다. 크레타의 여신 숭배는 우리 상식으로는 도저히 이해할 수 없고 이집트의 피라미드

---

1 이집트 문명과 서아시아 문명 중 어느 쪽이 먼저인지는 논란의 여지가 있으므로 여기서는 논하지 않는다.
2 남미의 올메카를 합치면 '6대 문명'이다.

와 바빌론의 바벨탑은 서로 전혀 다른 건축물이다. 유일하게 같은 것은 모두 국가를 세우려고 했다는 점이다. 뒤이어 출현한 페르시아, 그리스, 로마도 마찬가지다. 예를 들어 페르시아 왕국은 농촌 부락과 유목 부락의 연맹에서 비롯되었고 초대 국왕 키루스 2세도 본래 대추장이었다.

그런데 왜 그랬을까? 왜 당시의 부락들은 강성해지기만 하면 국가를 세우려 했을까?

어셔 대주교의 발표는 당연히 이 문제와는 무관하다. 차라리 화가 렘브란트의 한 마디가 힌트를 줄 수 있을 듯하다. 렘브란트는 17세기 네덜란드의 거장이었고 그의 제자가 되려면 매년 100길더를 내야 했다. 이 금액은 당시 중국의 은 12냥에 해당되는 거금이었다. 그런데 어셔가 자신의 그 신학적 연구 성과를 발표하기 10여 년 전, 렘브란트의 화실에서 스캔들이 벌어졌다. 그의 제자 중 한 사람이 혼자 여자 모델을 두고 인체 데생을 하다가 자기도 옷을 홀딱 벗어버린 것이다. 그 제자는 변명하길, 그렇게 해서 자기들이 아담과 이브가 되었다고 했다. 렘브란트는 대뜸 지팡이로 벽을 치며 말했다.

"그렇다면 너희는 이 에덴동산을 떠나줘야겠다!"

그 한 쌍의 연인은 할 수 없이 옷을 주워 입고 떠나야 했다. 100길더도 허공으로 날아가버렸다.

씨족과 부락이 국가에 이르게 된 과정도 이와 비슷했을까?

그렇다면 세계 각지의 민족들이 저마다 원시시대의 '에덴동산'에 이별을 고한 것은 렘브란트의 제자처럼 어떤 잘못을 저질렀기 때문일까?

물론 그렇지는 않다.

좋았던
시대

부락이 국가가 된 것은 결코 무슨 스캔들 때문이 아니었다. 인류가 국가를 발명한 것도 놀고먹기 위해서가 아니었다. 그런데도 이 일들은 '낙원에서의 추방'과 다르지 않은 것으로 여겨진다. 그 에덴동산이 여호와의 것이든, 렘브란트의 것이든 상관없이 말이다. 어쨌든 국가 시대로 접어들면서 좋았던 시대는 다 끝나버렸다는 것이 많은 사람의 공통된 인식이다.

　고대 그리스와 로마의 두 시인을 예로 들어보자.

　그리스의 헤시오도스와 로마의 오비디우스는 둘 다 자신들이 철의 시대에 살고 있다고 생각했다.[3] 이전 시대는 황금시대, 은의 시대, 청동시대로 구분했다. 가장 좋은 시대인 황금시대에는 인류가 행복하고 고귀했으며 사회도 공평하고 평화로웠다. 그리고 은의 시대는 그런 대로 괜찮았지만 인류는 더 이상 착하거나 천진하지 않았다. 또 청동

---

3 헤시오도스와 오비디우스의 견해는 헤시오도스의 『일과 날』, 오비디우스의 『변신 이야기』 참고.

시대에는 매일 전쟁이 끊이지 않았지만 신앙과 신성神性이 아직까지는 남아 있었다. 문제는 혼란한 철의 시대였다. 인류는 잔인하고 탐욕스럽게 변해 서로 불신하고 신앙도 없으며 겸손과 충성스러움도 다 잃어버리고 말았다.

물론 두 시인 사이에는 약간의 차이도 있다. 헤시오도스는 철의 시대 전에 영웅의 시대가 있었다고 보았다. 영웅의 시대는 청동시대보다는 조금 나아서 인류는 반신반인半神半人의 영웅과 함께 생활했다. 그러나 애석하게도 영웅들은 테베 전쟁과 트로이 전쟁에 휘말려 영원히 돌아오지 못하게 되었다.

이것은 뒤 시대가 앞 시대보다 점점 더 나빠진다는 역사관이다.

중국 민족에게도 이와 유사한 관점이 있었다. 예를 들어 그리스, 로마의 황금시대와 은의 시대는 유가儒家에서 말하는 '대동大同'에 해당된다. 대동세계의 특징은 '천하위공天下爲公', 즉 천하가 모든 이의 소유라는 것이다. 재산도, 권력도 공유되고 우두머리는 선출된 공무원일 뿐이며 일반인도 한마음 한뜻으로 전체를 위해 애쓴다. 그래서 밤에도 문을 잠글 필요가 없고 길에 물건이 떨어져 있어도 줍는 사람이 없을 만큼 온 세상이 평화롭다.

그리스, 로마의 청동시대를 유가에서는 '소강小康'이라고 한다. 소강세계의 특징은 '천하위가天下爲家'다. 재산은 사유화되고 권력은 세습되며 전쟁도 불가피하다. 예의, 도덕과 성인, 명군明君은 객관적 형세에 따라 나타났다 사라지곤 한다.[4] 마지막으로 철의 시대를 유가에서는 '난세亂世'라고 부를 수밖에 없다.

대동, 소강, 난세는 유가의 3단계 역사관이다. 요순堯舜 시대는 대동, 하夏·상商·주周 시대는 소강, 춘추전국시대는 난세다.

또한 이 3단계 역사 시대에 맞춰 세 가지 정치철학이 존재한다. 대동세계에는 제도帝道, 소강세계에는 왕도王道, 난세에는 패도覇道가 있다. 물론 유가는 왕도를 주장한다. 대동세계는 이미 불가능하고 난세는 비정상적이기 때문이다. 그래서 "왕도를 높이고 인의의 정치를 행하며 소강을 지향하여尊王道, 行仁政, 奔小康" 조화로운 사회를 건설해야 한다고 한다. 이런 생각은 일종의 '중용中庸의 도'이기도 하다.

그런데 이것은 유가의 관점일 뿐, 다른 제자백가도 나름의 관점을 갖고 있었다.

예컨대 장자는 '희황羲皇(복희伏羲)의 치세'만을, 묵자는 '대우大禹(하나라의 우)의 치세'만을 인정했다. 사실 공자조차 '요순의 치세'를 떠받들었다. 단지 이 노인은 비교적 현실적이어서 동주東周 시대로만 돌아갈 수 있어도 괜찮다고 생각했다. 한 걸음 물러서서 차선책을 추구한 것이다.

어떻게 보면 중국사도 4단계인 듯하다. 여와女媧에서 복희까지는 황금시대, 염황(염제炎帝와 황제黃帝)에서 요순까지는 은의 시대, 하·상·주는 청동시대, 춘추전국시대 이후는 두말할 나위 없이 철의 시대다. 앞

---

4 '대동과 소강'에 관해서는 『예기禮記』 「예운禮運」 참고.

의 세 단계에 대해서는 각 학파 간에 논쟁의 여지가 있겠지만 마지막 단계는 법가法家를 제외하고는 이견이 없으리라 본다.

이렇게 이야기하고 보니 인류는 국가를 세운 뒤로 마치 죽음의 길에 들어서기라도 한 듯 계속 나빠지기만 한 것 같다.

물론 그렇지는 않다. 설사 그렇더라도 돌이킬 방법도 없긴 하지만.

사실 씨족부락 시대는 장자와 그리스·로마의 시인, 철학가들이 말한 것처럼 그렇게 훌륭한 시대가 아니었다. 밤에도 문을 안 잠근다고? 그건 훔칠 게 없었기 때문이다. 또 염제, 황제와 치우蚩尤의 전쟁에서는 후대의 전쟁에서처럼 엄청난 살육전이 벌어져 피가 강물처럼 흘렀다.

더 중요한 것은, 한 민족이 국가가 없거나 자신들의 국가를 세울 수 없으면 그들의 역사는 선사시대에 머문다는 사실이다. 마치 아메리카 인디언처럼. 반대로 국가를 세우기만 하면 나중에 국가를 잃더라도 고유한 문명은 남는다. 유대인들이 좋은 실례다.

국가는 문명시대와 선사시대의 분수령이었다.

공자가 소강을 부정하지 않고 "찬란하도다, 그 문화여! 나는 주나라를 따르겠노라郁郁乎文哉, 吾從周"[5]라고까지 말한 건 다 그만한 이유가 있어서였다.

그런데 여기서 의문이 떠오른다. 왜 국가를 세워야만 문명시대에 들어섰다고 하는 걸까? 국가는 사람들에게 어떤 의미가 있는 걸까? **018**

---

5 "찬란하도다, 그 문화여! 나는 주나라를 따르겠노라"는 『논어』 「팔일八佾」의 "주나라는 하나라와 상나라를 거울로 삼았으니, 찬란하도다, 그 문화여! 나는 주나라를 따르겠노라郁郁乎文哉, 吾從周" 를 참고.

사람은 정말로 국가를 만들고 그 안에서 살아야만 하는 동물인 걸까? 만약 그렇다면 또 왜 수많은 사람이 지금이 옛날보다 못하다고 씨족과 부락의 시대를 그리워하는 걸까?

국가의 논리는 대체 어디에 있는 걸까?

각자의
길을 가다

순자荀子는 사람에게 있다고 말했다.

순자는 유가에서 법가로 가는 환승역에 해당되는 인물이다. 그래서 그는 법가처럼 국가와 군주를 긍정했다. 왜 긍정했을까? 생존을 위해서였다. 순자는 사람이 가엾기 이를 데 없다고 말했다. 힘도 소보다 약하고 속도도 말보다 느려서 생존능력이 형편없다고 생각했기 때문이다. 하지만 그럼에도 소와 말이 사람에게 이용당하는 것은 사람이 무리를 지을 수 있기 때문이다. 이 말은 반대로 무리가 해체되면 사람이 소, 말보다 못하다는 것을 뜻하기도 한다.[6]

이런 까닭에 첫째로 도덕이 있어야 하고, 둘째로 군주가 있어야 하며, 셋째로 국가가 있어야 한다.

순자는 사람이 동물과 다른 것은 '다리가 두 개에 털이 없는 것二足而無毛'[7]만이 아니라고 했다. 물과 불은 물질적 형태가 있지만 생명은 **020**

---

6 『순자』 「왕제王制」: "힘은 소보다 못하고 달리기는 말보다 못한데도 사람이 소와 말을 부리는 것은 왜일까? 사람은 무리를 지을 줄 알고 소와 말은 무리를 지을 줄 모르기 때문이다力不若牛, 走不若馬, 而牛馬爲用, 何也? 人能群, 彼不能群也."
7 『순자』 「비상非相」: "사람이 사람이 된 것은 다리가 두 개에 털이 없어서만이 아니라 판별력이 있기 때문이다人之所以爲人者, 非特以二足而無毛也, 以其有辨也."

없으며 초목은 생명이 있지만 지각은 없다. 동물은 지각이 있지만 도덕은 없다. 오직 사람만이 이 모든 것을 다 갖고 있다.[8] 그래서 사람은 인류의 가장 강력한 집단인 국가를 만들 수 있었고 집단의 가장 적합한 리더인 군주도 고안해낼 수 있었다.[9] 그리고 도덕은 가장 이상적인 조직력이다. 도덕이 있어서 사람은 만물의 영장이다. 또 국가가 있어서 사람은 심신을 편안히 맡길 곳을 확보한다.

군주는 핵심이고 도덕은 힘이며 국가는 귀속처다. 국가와 사람은 이렇게 단단히 결합되었다.

이것은 서양과는 조금 다르다.

서양인들도 국가를 필요로 했지만 군주가 꼭 필요한 것은 아니었다. 고대 그리스의 폴리스에는 군주가 없었다. 로마인들도 마지막 부락왕을 축출한 뒤부터 초대 황제 아우구스투스를 세우기까지 그 사이에 500년 가까운 세월을 보냈다.[10] 그리고 그 초대 황제는 스스로 공화국 '제일의 시민'이라고 칭해야 했다. 또한 17세기 암스테르담은 국왕보다는 차라리 세 개의 튤립 구근을 원했다. 이뿐만이 아니다. 독립전쟁 이후의 미국인들은 국왕뿐만 아니라 통일국가조차 원치 않았다. 그러다가 더 이상 미룰 수 없어서 마지못해 제헌의회를 열고 한참 만에 초대 연방정부를 구성하고 대통령을 선출했다.

이로써 군주에 대한 서양인들의 태도가 어땠는지 확인할 수 있다. 요컨대 원할 수도, 원하지 않을 수도 있었고 누구는 원하고 누구는

---

8 『순자』「왕제」: "물과 불은 기가 있지만 생명은 없으며 초목은 생명이 있지만 지각은 없다. 동물은 지각이 있지만 도덕은 없다. 사람은 기도 있고, 생명도 있고, 지각도 있고, 도덕까지 있으므로 천하에서 가장 귀하다水火有氣而無生, 草木有生而無知, 禽獸有知而無義; 人有氣, 有生, 有知, 亦且有義, 故最爲天下貴也."
9 『순자』「왕제」: "임금은 무리를 만드는 데 능하다君者, 善群也."
10 로마인들이 마지막 부락왕 타르퀴니우스를 축출한 것은 기원전 509년, 옥타비아누스가 황제가 된 것은 기원전 27년이다.

원하지 않기도 했으며, 원할 때도 원하지 않을 때도 있었다. 중국인들은 그렇지 않았다. 국가가 생겼을 때부터 군주가 있었으며 진한秦漢 이전에는 제후들에게 토지를 나눠주는 방식이었고 진한 이후에는 천하 통일의 방식이었지만 어쨌든 모두 군주제였다. 심지어 신해혁명이 임박해서도 입헌주의자들은 허울뿐인 황제라도 남겨둬야 한다고 주장했다.

서양인들은 또 국가와 도덕이 무슨 관계가 있다고는 생각지 않았다. 그들에게 도덕은 종교와 하느님 소관이었다. 국가에 필요한 것은 법이고 사회에 필요한 것은 덕이었다. 그래서 그들의 국가는 여러 모델이 있을 수 있었다. 직접민주제, 과두제, 정교합일, 군주입헌제, 연방제, 절대왕정까지 하나하나 시험해보았을 뿐만 아니라 병행도 피하지 않았다. 상황에 따라 원하는 모델과 원하는 인물을 채택했다.

확실히 국가를 건립하기 시작했을 때, 세계 각 민족은 문명의 거대한 문 앞에, 그리고 역사의 갈림길 앞에 섰다.

그 후로 그들은 각기 자신들의 길을 걸었다.

누구의 길이 옳고 누구의 길이 틀렸는지는 말하기 어렵다. 사실 서양인들도 군주제 시대를 겪었고 지금까지 명목상의 왕정을 유지하기도 하기 때문이다. 일찍이 순자는 지치지도 않고 왜 국가와 군주가 있어야만 하는지 설명했다. 그것은 당시에 이미 '문제'로 떠올랐던 것이다. 그리고 객관적인 정황도 순자가 말한 것처럼 그렇게 간단하지는 않았다. 예를 들어 씨족과 부락도 집단인데 왜 굳이 국가로 변해야만 했을까?

더욱이 세계 각국의 탄생 배경과 존재 방식, 발전 노선도 서로 크게 다르다. 군주제 국가도 있었고 민주제 국가도 있었다. 독립국가도 있었고 속국도 있었다. 갈라진 국가도, 합쳐진 국가도 있었으며 무력으로 생겨난 국가도, 합의에 의해 생겨난 국가도 있었다. 실로 헤아릴 수 없이 많은 케이스가 있다.

그래도 아무 이유 없이 길을 택한 경우는 없을 것이다. 누구도 자신의 운명을 갖고 장난을 치지는 않으므로.

시비를 논하는 것보다는 원인을 찾는 것이 낫다.

그러면 먼저 다른 나라를 살펴보기로 하자.

소인들의
나라

만약 공자가 미국을 여행한다면 틀림없이 고개를 절레절레 내저었을 것이다.

이렇게 엉망진창인 나라가 있다니! 이 나라는 덕이 아니라 법으로 나라를 다스린다. 가장 권위적인 기관과 인물은 법원과 법관이다. 더욱이 최고 법원에는 법률해석권까지 있다. 뭐 그럴 수도 있다고 치자. 요순에게도 사법부의 수장격인 고요皐陶가 있었으니까. 그런데 변호사는 뭐고, 배심원단은 또 뭔가? 누구에게 죄가 있는지 없는지 어떻게 그런 교양도 없는 서민들이 판정을 하고, 또 고요 같은 대인이 그 판단에 따라야만 하는가?

의회와 의원이라는 것도 불가사의하다. 물론 요순 시대에도 부락의 추장과 씨족의 족장들로 이뤄진 연석회의가 있기는 했다. 서주와 동주 시대에는 연회를 베풀어 정기적이거나 비정기적으로 사회의 현명 **024**

한 인사들을 초대해 나라의 중요한 일들을 함께 논의했다. 그러나 요순 시대와 하·상·주 3대에는 정당이 없었다. 양당제, 다당제 같은 건 더더욱 없었다. 양당제는 대체 뭐하는 물건인가? 군자는 모름지기 당파를 만들지 말아야 하거늘 그들은 오히려 당쟁을 부추기고 어마어마한 돈을 당쟁에 쏟아부으니 정말 꼴불견이 아닐 수 없다.

그나마 연방제를 보고 공자는 조금 기분이 풀릴 것이다. 그것은 동주와 어느 정도 비슷하기 때문이다.

확실히 미합중국을 이루는 여러 '주state'는 고대 중국의 '방邦'을 연상시키는 점이 있기는 하다. 50개 주가 처음부터 자체적인 헌법, 법률, 민선 정부를 갖고 각기 정치를 책임져온 것은 중국의 여러 제후국과 비슷하다. 또 그 주들이 함께 인정하는 대통령은 '천하공주天下公主', 즉 천자天子에 견줄 수 있기도 하다.

그런데 이 대통령은 안타깝게도 존엄성이라고는 전무하다. 국회가 탄핵할 수도 있고 미디어가 비판할 수도 있으며 시민들이 조롱할 수도 있다. 게다가 '지퍼 게이트' 같은 얄궂은 일 때문에 툭하면 사과까지 해야 하니 천자와는 자못 거리가 있다.

문화예술도 어처구니가 없다. 영화관에서, 텔레비전에서, 그리고 술집과 브로드웨이에서 보고 듣는 것이라고는 온통 선정적이거나 비현실적이거나 폭력적인 것뿐이다. 그야말로 공자가 그토록 혐오했던 정鄭나라의 음란한 음악과 다를 바 없다.

더 불가사의한 것은 그곳의 시민들이 아무 거리낌 없이 대통령을 비판하고 조롱할 뿐만 아니라 거리에 나가 시위를 벌일 수도 있다는 사실이다. 경찰은 그런 사람들을 통제하기는커녕 보호하기까지 한다. 이것이야말로 "임금도, 부모도 버리고서 윗사람을 욕보이고 난을 일으키는 것無君無父, 犯上作亂"이 아니고 무엇이겠는가?

그러면 고대 그리스는 또 어땠을까?

문제가 더 심각했다.

에게 해와 지중해로 둘러싸인 이 척박한 땅에는 '폴리스'라고 불리는 국가들이 수없이 난립해 있었다. 이 점은 동주의 여러 나라와 흡사하지만 천자가 없었고 공公, 후侯, 백伯, 자子, 남男 같은 제후의 구분도 없었다. 폴리스와 폴리스는 완전히 평등했다. 한 폴리스가 다른 폴리스에서 떨어져 나왔어도 일단 떨어져 나오면 동등하게 독립권을 행사했으며 심지어 팽팽히 맞서기까지 했다.

폴리스의 정치적 사무는 대장장이, 석수장이, 피혁공, 상인, 놀고먹는 부잣집 자제에게 넘겨져 처리되었다. 그들은 이러쿵저러쿵 논의를 하고 투표할 권리가 있었을 뿐만 아니라 정치 참여를 거부하면 벌금을 물어야 했다. 아테네를 예로 들면, 열 개 지역의 만 30세가 넘은 남성 시민들 중에서 추첨으로 50명씩을 뽑아 임기 1년의 오백인 회를 구성했다. 이 오백인 회의 상임기구는 오십인 단이었으며 오백인 회의 성원들이 조를 나눠 교대로 그 책임을 맡았고 임기는 한 달이었다. **026**

또 오십인 단은 추첨으로 한 명의 의장을 뽑아 일을 주관하게 했다. 이런 의장이 어떻게 군주와 비교가 되겠는가?

임금과 신하가 없는 데다 부모 자식 관계도 영 엉망이었다. 그리스 신화에서 천신 우라노스는 아들 크로노스에게 당해 불구가 되고 왕위를 잃었다. 또 크로노스는 아들 제우스의 반란으로 감옥에 갇혔다. 제우스 역시 자식들의 야심 때문에 위기에 처했다가 프로메테우스의 도움으로 겨우 화를 면했다. 그리스인들은 이 이야기들을 입에서 입으로 전하며 즐거워했다. 정말 "임금은 임금답지 않고, 신하는 신하답지 않고, 부모는 부모답지 않고, 자식은 자식답지 않은君不君, 臣不臣, 父不父, 子不子" 형국이었다.

더 심한 것은 이런 제도들을 설계하면서 사심이 만연했다는 점이다.

사심은 사적인 이득, 즉 사리私利와 하나로 연결되어 있게 마련이다. 사람들은 저마다 사심과 사리가 있다. 사리를 침해받지 않고 사심을 만족시키기 위해 그리스인들이 쓴 방법은 정책결정 기관의 사람 수를 최대한 늘리고 임기는 최소화하는 것이었다. 그러면 누구도 권력을 이용해 사리사욕을 도모하기가 쉽지 않기 때문이다. 이와 비교해 미국인들의 방법은 각종 이익집단이 자신들의 대표를 선출하고 의회에 보내 서로 옥신각신 흥정을 벌이게 하는 것이다.

아마도 이런 사람들을 싸잡아 '소인'이라고 부를 수 있을 듯하다.

그러나 탄핵당한 대통령, 멸시받는 정치인, 법정에 서게 된 범죄 혐의자를 비롯한 이 소인들은 예외 없이 자신들의 적이 틀렸다고 생각하지 국가의 제도가 틀렸다고는 생각하지 않는다. 아무리 공자가 동주를 본받으라고 눈물로 호소해도 그들은 완곡하지만 결연한 어조로 "노 생큐!"라고 답할 것이다.

자, 이제 여기에 담긴 비밀을 살펴보기로 하자.

시민과
신민

공자의 눈에 비친 '소인'을 서양에서는 '시민'이라고 부른다.

시민의 어원은 고대 그리스인들이 발명한 단어인 '폴리테스Polites'이며 뜻은 '폴리스의 주민'이다.[11] 이 말은 주대의 '국인國人'과 흡사하다. '국인'은 '도성都城의 주민'이라는 뜻이다.

그런데 고대 그리스에서는 폴리스에 사는 모든 사람을 다 시민이라고 부르지는 않았다. 노예와 이방인은 예외였다. 게다가 같은 시민이어도 누리는 권리가 달랐다. 완전한 권리는 시민들 중 성년 남자에게만 부여되었다. 이들을 '전권全權시민'이라고 불렀다. 이들이야말로 폴리스의 진정한 주인이자 폴리스 정권에게서 권한을 부여받는 수권자授權者였다. 또한 전권시민과 부녀자, 아동을 합쳐 '자유시민'이라고 불렀고, 타 지역에서 온 이민들과 해방된 노예들은 '피보호민'이라고 불렀다. 피보호민과 부녀자, 아동은 모두 참정권을 갖지 못했다.

---

11 폴리스와 시민에 관한 설명은 아리스토텔레스의 『정치학』을 참고.

확실히 그것은 소수만이 누리는 민주주의였다.

인원수를 제한한 건 필연적인 일이었다. 모든 시민은 권리와 의무를 갖기 때문이다. 이것은 시민의 가장 중요한 특징이었다. 그리고 권리는 의무보다 훨씬 중요했다. 권리를 가지면 모든 것을 다 가지고, 권리를 못 가지면 아무것도 갖지 못했다. 더구나 일단 권리를 향유하면 그것을 행사할 수도 있고, 버릴 수도 있고 대단히 자유로웠다.

이런 자격과 대우를 폴리스가 아무에게나 함부로 부여할 수는 없었을 것이다.

그리스 시민으로서의 첫째 요건은 인신의 자유였다. 훗날의 로마도 마찬가지였다. 그리고 그리스 시민과 로마 시민의 재산은 전부 개인 소유였다. 철저한 사유제였던 것이다. 개인의 것이 있기에 공공의 것이 있을 수 있었다. 사유재산이 있어서 어떠한 단체, 조직, 기관이나 다른 개인에게 종속되고 의존할 필요가 없었기에 시민은 당연히 자유로웠다.

시민은 바로 '자유로운 인간'이었다.

신민臣民은 전혀 달랐다.

'신臣'이란 무엇이었을까? 노예였다. 전쟁 포로와 죄수도 포함되었다. 전쟁 포로가 최초에는 살해되었고 나중에는 남자는 노예가, 여자는 첩이 되었다. 그들은 목에 밧줄이 걸려 주인에게 가축처럼 끌려다녔다. 개별적으로 재주가 있으면 조금 대우를 해주기도 했다. 춤을

추는 '무신舞臣'처럼. 또 드물게 간수나 중간 보스 격으로 주인을 도와 다른 노예들을 관리하기도 했다. 농업 노예들을 관리하던 '적신耤臣', 목축 노예들을 관리하던 '목신牧臣' 등이 그것이다.[12]

'신臣'의 갑골문 형태. 학자들은 보통 이 글자를 전쟁 포로와 노예로 이해한다. 예를 들어 정현鄭玄은 "신은 죄수와 포로를 말한다臣謂囚俘"고 했고, 공영달孔穎達은 "신은 정벌에서 잡힌 포로를 말한다臣謂征伐所獲民虜者也"고 했다. 궈모뤄郭沫若, 예위썬葉玉森, 양수다楊樹達, 마쉬룬馬敍倫 등도 이 설을 지지했지만 설명은 각기 다르다.

노예들 중에서 나온 이 중간 보스는 아마도 전쟁에서 진 종족의 족장이나 추장이었을 것이다. 그들이 바로 최초의 '신료臣僚'였던 것이다. '군신君臣'의 '신臣'은 여기서 유래되었다. 사실 나중에도 귀족과 관리들은 군주 앞에서 노예임을 자처했다. 예를 들어 청대의 만주족 왕공王公들은 황제를 향해 자신을 '노비奴才'라고 칭했다.

마찬가지로 '민民'도 원래 좋은 단어는 아니었다. 적어도 존칭은 아니었다.

옛날 책에서 이 글자는 보통 어둡다는 뜻의 '명冥'과 '명瞑', 그리고 소경을 뜻하는 '맹䀮'과 서민을 뜻하는 '맹氓'으로 해석되었다. 아마도 최초의 민은 모두 전쟁 포로와 노예였기 때문에 눈을 찔려 장님이 된 경우가 있었던 것 같다.

---

12 '신臣'의 해석은 『고문자고림古文字詁林』 제4권 참고.

예를 들어보면 여민黎民은 전쟁에서 패한 구려족九黎族이었고 축민畜民은 상인이 다스리던 늙은 노예들이었으며 완민頑民은 주나라인에게 패하고도 완전히 굴복하지 않았던 은상殷商의 귀족이었다. 이미 전쟁에서 패했기에 자연히 '민'이 된 것이다. 한편 '인人'은 승리자와 통치자를 뜻했다. 상고시대에 인과 민은 평등하지 않았다. 가장 높은 등급의 사람은 '대인大人', 그다음은 '소인小人', 가장 낮은 등급의 사람은 '만민萬民'이었다.

나중에 노예는 평민으로 변했다. 역시 피통치자였다. 이른바 의민蟻民, 초민草民, 소민小民, 천민賤民, 조민刁民, 비민屁民은 순민順民, 양민良民과 마찬가지로 모두 명확하게 경멸과 차별의 뜻을 띠고 있다. 결국 진한 이전에는 인이 민보다 귀했고 진한 이후에는 관官이 민보다 높았다. 맹자가 '민이 귀하다民爲貴'고 한 것은 정말 대단한 발언이었던 것이다!

'민民'의 금문金文 형태. 이 글자를 두고 어떤 학자는 "장님의 왼쪽 눈으로 노예의 총칭을 삼았다"고 해석했고, 또 어떤 학자는 "싹이라는 뜻의 '맹萌'의 본래 글자로서 씨앗이 땅거죽을 뚫고 나오는 모습을 본떴으며 이것이 뭇 초목의 싹으로 뜻이 파생되어 백성을 일컫게 되었다"고 해석했다. 이 두 설은 모두 상청쥐商承祚의 『전국시대 초나라 백서 술략戰國楚帛書述略』에서 확인할 수 있다.

시민은 자유롭고 평등하며 신민은 복종하고 의존한다. 그래서 신 032

민들의 국가는 필연적으로 군주제이며 시민들은 민주공화정을 선호
한다. 국가의 모델과 정치체제는 사실 사람들이 스스로 창조하고 선
택하는 것이다.

 국가와 인간의 관계는 아마도 여기에 있을 것이다.

중국의
비애

국가의 성격은 국민에 의해 좌우된다.

다시 말해 어떠한 국가의 모델과 양식, 제도와 척도도 그 국가를 만든 국민과 그들의 역사, 문화에 의해 결정된다. 강력한 국민은 허약한 정부를 좋아하고 자유로운 국민은 느슨한 제도를 선호하며 어리석은 국민은 영민한 지도자가 나오길 소망한다. 연약한 국민은 강권 정치에 의지하기도 한다. 그래서 엥겔스는, 어떤 국가의 정부가 열등하고 그 열등함이 계속 이어지는 것은 그 국민이 열등하기 때문이라고 말했다.[13]

그런데 여기에 한 가지 문제가 있다.

누구나 알고 있듯이 인류 최초의 국가들은 대부분 군주제였고 소수가 공화제였으며 아주 드물게 민주제가 있었다. 서양 학문이 도입되기 전까지 중국인들은 군주제를 만고불변의 진리처럼 여겨서 누구도

---

[13] 국가와 국민의 관계에 대한 엥겔스의 견해는 『루트비히 포이어바흐와 독일 고전철학의 종말』 참고.(한국어판은 강유원 옮김, 이론과실천, 2008)

반대하지 않았다. 그렇다면 세계의 대다수 사람은 자유를 원치 않고 기꺼이 노예가 되고자 했던 걸까?

물론 그렇지 않다. 그것에는 분명히 원인과 이치가 있다.

그 원인과 이치는 무엇일까?

"천하에는 서열이 있어야 하고 용들도 우두머리가 없어서는 안 된다."

그렇다. 중국은 본래 국토가 넓고 인구가 많아서 홍수가 범람하거나 외적이 침입했을 때 반드시 강력한 리더가 호소력과 응집력을 발휘해줘야 했다. 아니면 적어도 사람들을 하나로 결합시키는 상징이 있어야 했다. 이 역할은 당시 군주 외에는 누구도 맡을 수 없었다. 그래서 백성은 어쩔 수 없이 희생과 양보를 하고 군주에게 고개 숙여 신하가 되었다.

아마도 이것이 법가를 제외한 모든 사상가의 견해일 것이다.[14]

그래서 법가를 제외한 다른 모든 사상가는 군주제와 군주의 권력에 대하여 '조건부 찬성'의 태도를 보였다. 예컨대 유가, 묵가, 도가는 군주가 있을 수도 있지만 적어도 성인聖人이어야만 격에 맞는다고 생각했다. 맹자는 심지어 군주가 자질이 부족하면 자리를 내놓아야 한다고도 했다. 아울러 이 세 학파는 공히 군주와 신하의 관계는 노예와 주인의 관계여서는 안 된다고 여겼다. 공자는 군주가 신하에게 예의를 지켜야 한다고 했고 맹자는 군주가 만약 안하무인이면 신하는

---

14 법가는 왜 군주가 필요한지 논의한 적이 없다. 군주와 군권에 대한 그들의 옹호는 무조건적이었다.

그를 원수처럼 대할 수 있다고 했다. 군주가 아주 형편없으면 백성이 혁명을 일으켜 그를 죽일 수도 있다는 것이었다. 우리는 이것을 만민이 자유를 포기하고 노예가 되려 했던 것으로 간주할 수 있을까?

군주제는 결코 노예제와 같지 않다.

독립, 자유, 평등은 전 인류의 보편적인 가치여서 어느 민족도 예외가 아니다.

단지 역사 속에서 다양한 실험과 선택이 이뤄질 뿐이다.

안타깝게도 유가, 묵가, 도가가 주장한 조건은 민주제나 입헌제와는 무척이나 거리가 멀었고 실행하려 해도 문제가 많았다. 예를 들어 '성인'이 무엇인지에 대해 세 학파는 각기 의견이 달랐다. 유가는 "백성을 사랑하고 만물을 사랑한다仁民愛物"고 했고 묵가는 "사리가 분명해 극히 작은 일까지 살펴 안다明察秋毫"고 했으며 도가는 '청정무위清淨無爲'해야 한다고 했다. 과연 이 중에서 누가 옳을까? 그리고 군주에게 자질이 부족하면 어떻게 자리를 내놓게 했을까? 방법이 있었을까? 관계되는 법률, 제도, 절차가 있었을까? 물론 없었다.

여기에는 일방적인 바람과 비애만 있었다.

중국 민족의 국가사와 문명사는, 줄기차게 독립·자유·평등을 추구했지만 번번이 얻는 데 실패했거나 얻고도 금세 잃어버린 '비애의 역사'다.

그리스가 직접민주제를 실행했듯이 중국도 '직접군주제'를 시행한 **036**

적이 있다. 그리고 로마가 법치를 실현한 것처럼 중국도 예치禮治를 시도했다. 심지어 중국은 갖가지 방안을 설계하여 군권과 민권을 함께 존중할 수 있기를 바랐다. 적어도 민생이 도탄에 빠져 백성의 원성이 들끓는 일은 피하고자 했다.

하지만 그런 시도와 방안들은 오래지 않아 물거품이 되었다. 분권은 집권으로, 집권은 전제로, 전제는 독재로 변했다. 진, 한, 수, 당, 송, 원, 명, 청으로 가면 갈수록 상황이 나빠졌다. 왕조가 바뀔 때마다 위기와 부패가 반복되었다. 그러다가 결국 서양 열강을 스승으로 모실 수밖에 없었다.

사실 그 '스승들'도 순조로운 길을 걸어오지는 않았다. 그리스 폴리스는 먼 옛날의 일이 돼버렸고 로마 공화정은 몰락했으며 민주주의의 발전은 굴곡이 많았다. 종교재판과 십자군 원정은 굳이 끄집어낼 필요도 없이 20세기에만 세계대전이 두 차례나 일어났다.

문명의 길은 늘 험하고 국가의 의의는 누구도 쉽게 말할 수 없다. 다만 중국이든 서양이든, 신민이든 시민이든 언제나 국가가 필요했다.

그렇다면 국가의 비밀은 어디에 있을까?

맑은 바람이 잎 사이로 불면 수면에 거꾸로 비친 담장은 떨리고 부서진다.
국가는 가장 큰 지붕이고 수도는 가장 두터운 성벽이었다.
국가의 비밀은 도시에 있다.

도시는 말한다

국가와
도시

국가의 비밀은 베이징北京이 알고 있다.

　명, 청 양대에 걸쳐 중화제국의 수도였던 베이징은 기세가 비범하다. 운하처럼 넓은 해자 양쪽에는 갈대가 우거졌고 버드나무가 열을 짓고 있으며 나무 그림자가 흔들거린다. 오리가 헤엄쳐가거나 맑은 바람이 잎 사이로 불 때면 수면에 거꾸로 비친 담장이 떨리고 부서지기 시작한다. 위를 올려다보면 성루와 성벽이 우뚝 솟아 있어서 아득하고 맑은 하늘을 배경으로 검은색 윤곽이 나타난다. 날개 같은 문루의 처마는 구름을 찌르고 하늘 높이 깃을 펼쳐 장관을 이루고 있다. 성문에서는 당나귀를 탄 사람이 꾸벅꾸벅 졸며 안으로 들어서고 그 뒤에서는 농부가 어깨에 멘 신선한 채소에서 파란 물이 뚝뚝 떨어질 듯하다. 이때 귓가에는 한가로운 낙타 방울 소리가 들린다.

　이상은 스웨덴의 학자 오스발드 시렌Osvald Siren이 묘사한 베이징 **040**

이다. 더 정확히 말하면 1924년의 베이핑北平(베이징의 옛 명칭이자 별칭)이다. 그것은 중국의 모든 수도의 대표이자 전형으로서 아마 2000~3000년 전의 왕성王城도 같은 모양이었을 것이다. 똑같이 높은 성루와 똑같이 두터운 성벽, 똑같이 예스런 성문과 위세 높은 왕궁, 시끄러운 저잣거리와 한적한 교외가 어우러져 있었다. 단지 낙타만 없었다.

하夏의 계啓, 상商의 탕湯, 주周의 무왕武王 시절에는 낙타가 있었을 리 없다.

그러나 성은 당연히 있었다.

실제로 모든 고대 문명은 성을 지으면서 시작되었다. 다시 말해 오래된 문명국들은 모두 자신들의 도시를 가졌다. 아수르(아시리아의 중심 도시), 바빌론, 멤피스(이집트 초기 왕조 시대의 왕도), 예루살렘처럼 유명한 도시도 있고 이집트의 나카다와 히에라콘폴리스, 인도의 모헨조다로와 하라파, 크레타의 크노소스처럼 아는 사람이 드문 도시도 있었지만, 어쨌든 도시가 없는 것은 불가능했다.

고대 민족의 건국사는 동시에 도시건축사였다.

확실히 어느 종족이 아무리 인구가 많고 지역이 넓어도 도시가 없다면 부락이나 부락연맹일 뿐 국가는 아니다. 마을 이장과 경리를 대통령과 재무장관이라고 부르면 얼마나 웃기겠는가.

041　　사실 시골의 지주조차 자기 땅에 토담을 갖고 있다. 그것을 한자로

표현하면 바로 '혹或'이며 이 글자는 '국國'의 가장 오래된 형태다. '역域'도 마찬가지로 가장 오래된 '국國' 자다. '국國' '역域' '혹或'은 갑골문에서 같은 글자였다. 글자 모양을 분석하면 왼쪽은 '둘레 위口'이고 오른쪽은 '창 과戈'다. '口'는 곧 원, 에운담, 세력 범위를 가리키며 '戈'는 사내 종, 호위병, 경비병이다. 요컨대 어떤 씨족이나 부락이든 일단 정착해 자기 기반이 생기면 울타리나 담을 만들고 도랑을 판 뒤, 병사를 보내 망을 보게 했다. 이것이 바로 '혹'이다.

기반이 확대되면 인구도 많아지고 온갖 규격도 커지게 마련이다. 그래서 '혹或' 옆에 '토土'가 붙어 '역域'이 되고 '혹或' 바깥에 '구口'가 붙어 '국國'이 되었다. 어떤 학자는 그것이 사족이라고 생각했지만 꼭 그렇지는 않다. 국가는 어쨌든 토템이 아닌데 어떻게 계속 '혹'에만 머무르겠는가?

 금문의 '국國'　 갑골문의 '혹或'　 금문의 '혹或'

'국國'은 '혹或'인 것이 분명하게 나타난다.

그러면 국가는 어떤 점에서 부락과 달랐을까?
바로 도시다.

세계의 고대 문명국가에는 두 종류가 있다. 하나는 도시와 주변의 농촌이 합쳐져 이뤄진 국가로서 '도시국가'라고 한다. 또 하나는 중심 도시(수도)에 다른 도시들과 농촌이 더해진 국가로서 '영토국가'라고 한다. 티그리스 강과 유프라테스 강 유역 남쪽에 처음 나타난 것은 도시국가였고 이집트 최초의 왕조는 티니스를 수도로 삼은 영토국가였다.

영토국가든, 도시국가든 모두 도시가 있고 도시를 중심으로 삼아야 했다.

그래서 '국國'은 반드시 '혹或' 자 바깥에 '구口'가 있어야 한다. '혹'은 기반이 생긴 것을 표시할 뿐이다. '구'가 바로 도시가 생긴 것을 표시한다. 사실 중국의 고대 문헌에서 '국國'은 곧 성城이며 성은 곧 '구口'였다. 예를 들어 '국문國門'은 성문을 가리켰고 '국중國中'은 성안을 가리켰다. 만약 영토국가이면 '국'은 수도를 가리켰다. 참고로 '중국中國'의 본래 뜻은 '천하의 중심'으로서 전 세계의 중심 도시를 말했다. 그러다가 나중에야 수도가 있는 중원 지역을 뭉뚱그려 가리키게 되었다.

오늘날의 이른바 '국가'는 옛날에 '방邦'이라고 불렸다. 국가라는 두 글자도 본래는 '방가邦家'였다. 나중에 한 고조 유방劉邦의 이름을 피하여 방을 국으로 고친 것이다. 사실 국은 수도일 뿐이고 방이야말로 전체 영역이었다. 성곽 안쪽을 가리켜 국이라 하고 사방의 경계 안쪽을 가리켜 방이라 했다. 연방聯邦을 '연국聯國'이라 부를 수도, 방련邦聯

을 '국련國聯'이라 부를 수도, 방교邦交를 '국교國交'라 부를 수도 없었다. 중국도 당연히 '중방中邦'이라 부를 수 없었다.

국가의 비밀은 바로 도시에 있다.

왜 도시가 있어야 했는지 알면 왜 국가가 있어야 했는지 알게 된다.

거대한
지붕

도시는 좋은 것일까?

뭐라고 말하기 어렵다.

오늘날의 도시는 깊이 병들었다고 한다. 그런데 고대의 도시도 꼭 지상천국은 아니었다. 고대 중국의 관리는 중앙관이든 지방관이든 하나같이 고향에 전답을 사놓고서 언제든 늙은 것을 핑계로 돌아갈 준비를 했다. 평생토록 도시에 살면서 성안의 성에 머무를 수밖에 없는 사람은 불쌍한 황제뿐이었다.

그래서 일종의 보상으로 황제는 위안밍위안圓明園(청나라 옹정제와 건륭제 때 조성되고 계속 확장된 황실 정원. 1860년 영국과 프랑스의 연합군이 일으킨 방화로 대부분 소실되었지만 최근에 본래 규모로 복원되었다)을, 가씨賈氏 가문은 대관원大觀園(「홍루몽紅樓夢」에 나오는 가상의 정원. 주인공 가보옥賈寶玉의 친누이 가원춘賈元春이 황제의 귀비가 된 뒤 친정 나들이를 위해 막대한 재물을 쏟아부어 완성했다)을

045

조성했고 유럽의 귀족과 부호들은 전원에 별장을 짓거나 구입했다.

도시는 확실히 꼭 좋지만은 않다. 물론 나쁘기만 한 것도 아니다.

그러면 인류는 왜 도시를 발명했을까?

안전을 위해서였다.

도시는 실제로 농촌보다 안전했다. 화약 무기가 없던 시대에는 더욱 그러했다. 그 당시 대다수 국가의 도시에는 성벽이나 성루가 있었다. 아테네의 성벽은 기원전 479년에 지어졌다. 사실 도시국가를 뜻하는 '폴리스polis'라는 단어는, 신전과 성벽이 있어 유사시에 군사 요충지로 사용되던 높은 언덕, '아크로폴리스acropolis'에서 나왔다. '아크로acro'는 높다는 뜻이다. 폴리스인들이 방어를 위해 높은 성벽을 원했음을 알 수 있다.

유일한 예외는 스파르타였다.

이로 인해 스파르타가 치러야 했던 대가는, 60세 이하의 성인 남자들을 죄다 전사로 훈련시켜 언제든 적진으로 돌진할 태세를 갖추게 하는 것이었다. 그들은 자신들의 피와 살로 보이지 않는 성벽을 쌓았다.

한편 고대 중국어에서 성은 곧 담을 뜻하는 '장墻'이었고 본래 의미는 "도읍의 사방을 지키는 담"이었다. 만약 안팎의 구분이 있으면 내성이 곧 성이고 외성은 '곽郭'이었으며, 높낮이의 구분이 있으면 높은 것은 '장墻', 낮은 것은 '원垣'이었다. 이런 성, 곽, 장, 원은 모두 있을 수 **046**

는 있지만 모두 없을 수는 없었다. 성벽이 없는 도시는 지붕이 없는 집처럼 상상이 가지 않았다.

 금문의 '성城'

도시는 고대 인류의 거대한 지붕이었다.

당연히 여기에서 말하는 고대 인류는 주로 농업민족을 가리킨다. 실제로 거의 모든 고대 문명, 즉 이집트, 메소포타미아, 중국, 인도 등은 모두 농업민족에 의해 창조되었다.[1] 그들이 가장 먼저 건립한 것은 역시 도시국가였다. 수메르, 아카드, 히타이트, 페니키아가 모두 그랬다. 그것은 결코 이상한 일이 아니었다. 농업민족은 생활이 평안해야 생업에 전념할 수 있었다. 그러려면 최전선과 퇴로가 다 있어야 했다. 여기에서 최전선은 농토와 인접한 마을을, 퇴로는 높은 성벽으로 둘러싸인 도시를 말한다. 사람들은 전쟁이 나면 성안으로 들어가 재난을 피했고 재해를 당해도 역시 성안으로 들어가 먹을 것을 조달했다.

도시는 농민들의 불안을 미리 제거해주었다.

그래서 전쟁이 잦았던 고대에 가장 중요한 것은 성의 건축이었고 가장 인내심이 필요한 것은 성의 포위였으며 가장 힘든 것은 성의 공

047

---

1 고대 문명의 창조자는 모두 농업민족이다. 이집트인은 자신들의 국토를 '케메트kmt(사막과 구별되는 '검은 땅'이라는 뜻)'라고 불렀고 바빌로니아의 어떤 문헌에는 "밭은 국가의 생명이다"라는 말이 있다. 그리고 인도에서는 "조심스럽게 밭을 측량해야 한다"(『리그베다』)고 했다.

략이었다. 또한 가장 잔인한 것은 성 거주민의 학살이었다.

유목민족에게 도시도, 국가도 없었던 것이 이해가 간다. 그들은 그것들이 불필요했던 것이다.

해적과 도화원桃花源의 사람들도 마찬가지다.

실제로 어떤 종족이 옛날부터 계속 평화로운 상태에 있어서 침략을 받은 적도, 침략을 한 적도 없다면 도시와 국가가 필요치 않다. 필리핀 민다나오 섬의 타사다이족처럼. 마찬가지로 또 어떤 종족이 영원히 전쟁 상태에 있어서 한 명 한 명이 다 전사라면 역시 그 두 가지가 필요치 않다. 파푸아뉴기니의 펜토우족처럼.[2]

애석하게 중국 민족은 타사다이족도, 펜토우족도 아니었다. 매우 농업 친화적이면서 국토가 넓고 인구가 많으며 역사가 유구했다. 그래서 성벽을 넘어 만리장성까지 필요했고 국가만으로는 부족해 중앙집권제까지 필요했다. 그리고 그 중앙집권제 국가의 수도 중 하나인 베이징은 궁성, 황성, 내성, 외성이라는 네 겹의 성벽으로 둘러싸였다.

국가는 가장 큰 지붕이고 수도는 가장 두터운 성벽이었다.

국가 건립의 목적은 무엇보다도 안전이었다.

그런데 오늘날의 베이징에는 이미 성벽이 없다. 세계 각국의 도시들도 대부분 마찬가지다. 그런데도 국가의 의의와 비밀이 여전히 도시에 있다고 할 수 있을까?

이 문제는 상하이上海가 답해줄 것이다.

---

2 타사다이족과 펜토우족에 관해서는 레프틴 스타브리아노스의 『전세계 통사A Global History: From Prehistory to the 21st Century』 참고.

성벽을 없앤
상하이

상하이에도 본래 성벽이 있었다.

상하이의 성벽은 1553년(명나라 가정嘉靖 32)에 지어졌고 단순한 원 모양이었다. 이유는 경비 부족 때문이었다고 한다. 그런데 저렴하게 지어진 이 성벽은 1843년 상하이의 개항 이후, 관료와 사대부와 상인들의 일치된 호소로 인해 철거되었다. 성벽이 마차의 통행과 시장 운영에 방해가 된다는 것이었다.

본래의 성벽 터에는 한 줄기 큰길이 놓였다.

성벽이 없어진 상하이는 사방이 탁 트이고 교통이 곳곳으로 이어져 신비하고 은밀하며 안전한 느낌은 완전히 사라져버렸다.

어떤 일이 일어났는데 그랬을까?

상하이로 쏟아져 들어오는 사람들이 매년 엄청난 규모로 늘어났다. 가까운 곳에서는 쑤저우蘇州, 닝보寧波 사람들이, 조금 먼 곳에서는 광둥廣東, 홍콩 사람들이, 더 먼 곳에서는 영국인, 프랑스인, 인도인, 유대인, 아랍인이 찾아왔다. 돈 많은 사람과 돈 없는 사람, 도시 사람과 시골 사람이 전부 상하이로 몰려들었다. 그리고 거리에서는 군인과 백인이 함께 수레를 타고, 경찰과 부랑자가 나란히 달리고, 관리와 상인이 재주를 겨루고, 기생과 숙녀가 아름다움을 다퉜다. 개방적인 상하이탄에서는 중국인과 서양인, 지식인과 문맹자, 부자와 가난뱅이가 뒤섞여 살았다. 그런 모습은 마치 당나라 시대의 장안長安 같았다.

제국의 수도도 아닌 상하이에 그들은 왜 그렇게 몰려들었을까?

자유를 위해서였다.

자유는 도시의 특징이었다.

확실히 도시는 농촌보다 안전하고 자유로웠다. 상업도시는 더 자유로웠다. 예를 들어 16세기 네덜란드 남부의 중심도시 앤트워프에 있던 무역사무소 문에는 "어떠한 국가와 민족의 상인도 사용 가능"이라고 적힌 간판이 걸려 있었다. 또한 중세 유럽의 자치도시들에는, 도망쳐온 농노가 도시에서 1년하고도 하루를 머물면 자유인이 된다는 규정이 있었다. 그래서 "도시의 공기는 사람을 자유롭게 만든다"는 속담이 생긴 것이다.[3]

당시의 상하이도 그랬다. 제2차 세계대전 시기에 상하이는 심지어 나치의 박해에 쫓겨온 다수의 유대인까지 받아들였다. 성벽이 없는 **050**

---

3 도망친 농노가 도시로 인해 자유를 얻은 것은 스타브리아노스의 『전세계 통사』 참고.

상하이가 오히려 더 안전했던 것이다.

그때는 성벽이 없는 것이 성벽이 있는 것보다 나았다.

사실 단지 안전 때문이라면 도시와 국가 모두 반드시 필요하지는 않았다. 씨족과 부락의 토담도 그리 나쁘지 않았기 때문이다. 하지만 그것은 설사 푸젠 성福建省 하카족客家族의 투러우土樓처럼 견고하고 안에서 4대가 단란히 모여 살 수 있다 해도 개방성보다는 폐쇄성이 강했다.⁴ 그곳에는 사람을 자유롭게 하는 공기 같은 것은 없었다. 오히려 정반대였다.

새로운 유형의 거주지가 필요했다. 안전도 보장되고 충분한 자유도 누릴 수 있는.

그런 새로운 거주지는 바로 도시였다.

새 거주지(도시)가 옛 거주지(투러우)와 구별되는 가장 큰 차이는, 그 안에 사는 사람들이 '씨족민'이 아니라 '시민'이라는 데에 있었다. 시민들의 관계는 혈연을 초월했다. 그들 사이의 교류와 교역도 지역의 범위를 넘고 종족 집단의 한계도 타파했다. 여러 종족이 섞여 살고 혼혈아까지 태어났다.

이로 인해 필연적으로 두 가지가 새롭게 생겨났다. 하나는 가족, 씨족, 부족을 초월한 '공공관계'이고 다른 하나는 이와 관계된 '공공업무'였다. 이런 업무와 관계를 처리할 때 씨족 및 부락 시대의 방법과 규범은 아무 쓸모가 없었다. 쓸모 있는 것은 '공공권력'을 가진 '공공

---

4 푸젠 성 하카족의 투러우는 '작은 성'이라고 할 만하다. 외곽에는 흙을 다져 만든 두터운 담이 있고 위에는 성가퀴, 총구멍, 감시 초소가 있으며 가운데는 공동 공간이다. 주민들은 평소에는 독립적인 생활을 하다가 유사시에 모여 의견을 나눈다. 외적의 침입이 있을 때에는 함께 맞서 싸웠다.

기관'과, 권력 행사의 지침인 '공공규범'이었다. 이 '공공규범'이 바로
'법률'이고 '공공권력'은 '공권력'이며 '공공기관'은 국가다. 그리고 국가
를 대표해 권력을 행사하는 사람은 당연히 '공직자'나 '공무원', 심지어
'공복公僕'이라고 불러야 할 것이다.

도시를 지표로 하여 국가가 탄생했다.

또한 그때 '혹或'은 '국國'으로 변했다.

'국'으로 변한 '혹'은 더 이상 씨족과 부락이 아니었다. 그 안의 사람
들도 더 이상 '씨족민'이 아닌 '국민'이었다. 국민은 공권력에 의존해
공공관계와 공공업무를 처리하는 사람들이며 국가는 공권력을 이용
해 국민의 안전과 자유를 보장하는 공공기관이다. 따라서 국가와 국
민에게 가장 중대한 일은 어떻게 공권력을 다루느냐는 것, 다시 말해
그것을 누가 누구에게 주고 어떻게 사용하느냐는 것이다.

바로 여기에서 다양한 국가 모델과 체제가 생겨났다.

민주주의의
모습

에게 해의 아침 햇살은 무척이나 황홀해서 아테네 사람들은 대부분 일찍 일어났다. 폴리스의 책임자인 페리클레스도 일찍 간단한 식사를 마치고 여자 친구에게 키스를 한 뒤 일을 하러 나갔다.

그의 여자 친구는 외국계 거주민이어서 동거만 할 수 있고 결혼을 할 수 없었다.

이 일은 페리클레스에게 골칫거리였다. 둘이 낳을 아들조차 아테네 시민이 될 수 없음을 의미했기 때문이다. 물론 외국계 거주민에 대한 대우는 그리 나쁘지 않았다. 똑같은 일에 똑같은 보수를 받고 이동의 자유도 있었다. 공로를 세우면 폴리스의 인정과 존중도 받았다. 의학의 아버지 히포크라테스와 역사의 아버지 헤로도토스도 외국계 거주민이었다. 그러나 특별한 허가가 없는 한, 외국계 거주민은 정치적 권리를 가질 수 없고 폴리스의 공공업무에 대한 발언권도 가질 수 없었다. 페리클레스의 아들이라 해도 예외가 아니었다.

더 기가 막힌 것은 시민의 자격에 관한 그 법률이 페리클레스의 집정 시기에 그 자신에 의해 제출되었다는 사실이다. 단지 그때는 그의 영혼을 사로잡은 그 여자 친구가 아직 없었을 뿐이다.

그것은 실로 자업자득이었다.

페리클레스는 아테네 최고의 권력자인데도 그것을 받아들일 수밖에 없었다. 사실 그는 지위가 높고 권력이 큰 것을 넘어 폴리스에 대한 공헌도 타의 추종을 불허했다. 그의 치하에서 아테네는 전성기를 구가했고 그 시기는 '페리클레스의 황금시대'라고 불렸다. 또한 페리클레스 자신도 그 시기의 아테네를 '그리스인의 학교'라고 칭하며 자랑스러워했다.

페리클레스는 우나 주공쯤 되는 인물이다.

그러나 페리클레스가 받은 대접은 우와 주공에 한참 못 미쳤다. 시민으로서 그는 어떠한 특권도 갖지 못했고 다른 사람들과 함께 보통 거주 지역에 살았다. 그의 집은 흙벽돌로 쌓은 벽과, 붉은 도기 기와를 덮은 지붕으로 이뤄져 있었다. 시민들이 뽑아준 장군으로서 그는 민회의 명령에 따를 수밖에 없었다. 심지어 민회에 출석하여 심문을 받고 '거액의 벌금과 해고 처분을 받아들여야 했다.

그 일은 기원전 430년, 다시 말해 페리클레스가 '전몰장병들을 위한 추도 연설'을 발표한 이듬해에 일어났다. 그 유명한 연설에서 페리클레스는 아테네의 민주제를 열렬히 찬양했고 오직 그런 제도만 가장 합리적이며 그리스 폴리스들의 번영과 안녕을 보장할 수 있다고 생각했다. 그의 연설은 매우 진실해서 설마 그 자신이 그렇게 찬양한 제도에 의해 곧 무참히 배신당할 줄은 아무도 예상치 못했다.

처칠도 비슷한 운명의 장난을 겪었다.

반파시스트 전쟁을 이끈 영국 수상 윈스턴 처칠도 승전 후 자신의 시민들과 민주제에 의해 토사구팽을 당했다. 1945년 7월 보수당은 영국 대선에서 패했다. 마침 포츠담회의에 참석해 있던 처칠은 쓸쓸히 권좌에서 내려와야 했다. 당시 그 소식을 듣고 충격을 받은 나머지 그는 "위대한 민족은 언제나 자신의 위대한 인물을 배신한다"라는 명언을 내뱉었다고 한다.

당시 처칠의 심정은 오직 그 자신밖에 몰랐을 것이다.

사실 처칠의 그 말은 그리스의 작가 플루타르코스가 페리클레스를 평한 말이었다. 여기에 우리도 한 마디를 덧붙여야만 한다. 그런 민족은 틀림없이 민주주의를 추종한다고. 실제로 민주국가의 시민만이 그런 '배신'을 하고, 또 그럴 수 있다.

민주주의의 요체는 바로 "주권이 시민에게 있고 정권도 시민이 부여하는 것"이기 때문이다.

그렇다. 국가의 공권력은 어느 한 사람이나 가문의 것이 아니라 전체 시민의 것이다. 전체 시민 개개인이 부분적으로 양도한 사적 권리가 함께 조직되어 '공권력'이 된다. 공권력을 사용하는 정치가는 단지 사적 권리를 양도한 전체 인민의 대리자일 뿐이다. 따라서 그는 시민들의 선거로 뽑히고 권한을 부여받으며 시민들에게 책임을 지고 감독도 받아야 한다. 일정 임기를 마치면 선거를 통해 교체될 수도 있다. 민주주의에서 종신제는 있을 수 없기 때문이다.

따라서 민주국가의 시민들은 반드시 '배신'하게 되어 있다. 그들은 당신이 전에 무슨 일을 어떻게 했는지도 보지만, 앞으로 무슨 일을 어떻게 할 것인지에 더 관심이 있다. 처칠은 바로 이런 이유로 교체된 것이다. 그러나 민주국가의 시민들도 배신을 당하곤 한다. 페리클레스가 물러난 후 변변찮은 자들이 숱하게 권좌에 오른 것도 다 그런 까닭에서다. 하지만 민주국가의 지도자는 모두 임기가 있기 때문에 시민들이 사람을 잘못 보고 선출하더라도 후회하고 고칠 여지가 있다. 민주주의는 "자신의 오류를 교정할 수 있는 제도"다. 그래서 현재까지는 '가장 안 나쁜 제도'다.

사람들이 좋아하든 좋아하지 않든 이것이 바로 민주주의다.

군주의
내력

페리클레스의 가련한 신세와는 다르게 이집트의 파라오는 신이나 다름없었다.

고대 이집트인들의 파라오 숭배는 오늘날 사람들의 눈으로 보면 굉장히 병적이었다. 당시 관리와 귀족들에게 가장 큰 영광은 파라오 앞에 엎드려 그의 발자국에 입을 맞추는 것이었고, 가장 자랑할 만한 일은 평생 그에게 채찍을 맞지 않은 것이었다. 그의 이름을 소리 내어 말할 수도 없었다. 이름 속에 저항할 수 없는 마력이 깃들어 있다고 했기 때문이다. 또한 그의 상징 속에 있는 매는 태양신을 뜻하는 그림문자 기호로서, 태양 속에 살았다는 중국의 세 발 달린 신조神鳥와 같다.

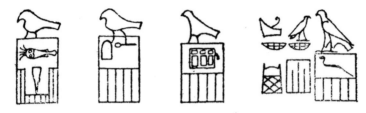

위 그림들은 이집트 제1왕조의 네 파라오의 상징이다. 그중 첫째인 나르메르는 메네스라고도 부르며 상, 하 이집트를 통일한 인물로서 고대 이집트 최초의 파라오다. 위의 네 파라오의 상징 속에는 모두 매가 있다.

매의 신 호루스는 본래 지방의 수호신이었다가 나중에 상, 하 이집트 공동의 신이 되었다. 파라오는 국가 수호신의 화신이며 태양신의 아들로서 죽은 뒤에는 신들 중 하나가 된다고 여겨졌다. 이집트의 이민족 통치자였던 힉소스인들도 그렇게 말했다. 이러한 권위 앞에서는 당연히 누구도 의문을 제기하지 못한다. 다만 제국 말기에 중앙 정권에 도전한 지방 통치자들이 스스로를 달의 신 토트의 아들이라고 칭했을 뿐이다.

그렇다. 군주제의 요체는 바로 "주권이 군주에게 있고 군권은 신이 내린다"는 것이다.

신의 아들은 당연히 신전에서 살아야 한다. 실제로 '파라오pharaoh'에는 본래 '궁전'의 의미가 있다. 국왕을 파라오라고 부른 것은 황제를 '폐하陛下'로, 왕을 '전하殿下'로 부른 것과 같았다. 그들은 심지어 죽 **058**

은 뒤에도 궁전에서 살려고 했는데 그 궁전의 이름은 바로 '피라미드'
였다.

한편 중국에서 신에게는 사당이, 왕에게는 왕궁이 있었으며 조정
은 '묘당廟堂'이라고도 불렀다.

그러나 군주는 신이 아니었고 신이어서도 안 되었다. 최초의 군주
는 본래 부락의 추장이었다. 그들은 우선 '윤尹'이라고 불렸다. 윤은
손에 뭔가 긴 물건을 든 모습인데 갑골문의 형태가 '부父'와 매우 비슷
하다.

갑골문의 '윤尹'

갑골문의 '부父'

부도 손에 긴 물건을 든 모양이지만 부가 든 것은 도끼이고 윤이 든
것은 지팡이다. 누군가는 부가 든 것이 사실 횃불이어서 부가 앞길을
개척하는 인도자, 즉 리더나 신뢰 가는 인물을 뜻한다고도 한다.

이집트 파라오의 권장權杖

사실 부나 윤이 손에 든 것이 횃불인지, 도끼인지, 지팡이인지는 모두 중요하지 않다. 왜냐하면 그들이 무엇을 들고 있든 그것들은 다 '지휘권'을 뜻하기 때문이다. 횃불도, 도끼도, 지팡이도 처음에는 다 '지휘봉'이었다. 그러다가 나중에 '지휘도'로, 더 나중에는 '권장權杖'으로 변했다.

이와 동시에 윤도 군주의 '군君'으로 변했다.

 금문의 '군君'

군은 윤尹과 구口로 이뤄져 있다. 부락의 왕이나 대추장이 명령을 내리고 '족군族群', 즉 종족 집단이 복종하는 것을 의미한다. 군群은 본래 사람에게는 쓸 수 없는 글자였다. 사람이 많으면 '중衆'이라 했고 짐승이 많은 것을 군이라고 했다.[5] 하지만 그것은 춘추시대 이전의 관념이었다. 전국시대로 접어들면서 군群이 '인군人群', 즉 인간 집단의 리더가 되었다. 그런데 군群은 양羊 자 위에 군君이 있는 격이어서 '강姜'이나 '강羌'처럼 군君이 본래 양치기였음을 알려준다. 요순이 이끌던 부락연맹 속 부락들의 추장을 '목牧'이라 부른 것도 유사한 이유 때문이었다.

확실히 군君은 처음에는 노동자로서 씨족의 족장이었고 나중에는

---

5 『국어國語』「주어 상周語上」: "짐승이 셋이면 '군'이고, 사람이 셋이면 '중'이다獸三爲群, 人三爲衆."

리더로서 부락의 추장이었으며 마지막에야 국가의 통치자인 후侯, 왕, 황제가 되었다.

노동자와 리더로서의 군은 본래 개인적인 매력을 갖춘 인물이었다. 그들은 종족 집단이 고난과 위기를 극복할 때 두각을 나타냈다. 그리고 계획을 세울 때는 놀라운 기지를 선보이고 사냥을 할 때는 남다른 용기로 앞장섰으며 적을 맞아서는 냉정한 리더십을 발휘했다. 이런 사람이라면 당연히 어렵지 않게 사람들의 진심 어린 존경과 추대를 얻어 당당히 지도자가 되었을 것이다. 심지어 그들은 특별한 공을 세워 사후에 신으로 모셔지기도 했다. 하夏의 우禹가 바로 그러했다.

그래서 군은 곧장 '주主'로 변했다.

갑골문의 '주主'. 허신許愼의 『설문해자說文解字』에서는 '등잔의 심지燈中火主'라고 설명한다.

주는 본래 등잔의 심지였다가[6] 나중에 '주인' '주재자', 심지어 '구세주'로 변한다.

그것은 민주제와 완전히 다른 길이었다.

---

6 주主는 주炷의 본자다. 소전小篆 단계의 주主는 등잔 모양과 비슷했고 위의 점 한 개는 심지에서 타오르는 불꽃을 상징했다. 그래서 주의 본래 뜻은 등잔 심지다. 이것은 나중에 주인, 가장, 주재자, 관리자 등 여러 의미로 쓰인다.

다른 길로
같은 곳에 이르다

길의 선택은 항해와 같으며 세계의 민족들은 저마다 다른 해도海圖를 갖고 있었다.

동양의 나라들이 택한 길은 군주제였다. 모두 부락(혹은 부락연맹)에서 부락국가로 변한 다음, 도시국가에서 영토국가로 변하고서 마지막에 중앙집권적 정치로 왕조와 제국이 되었다.

가장 먼저 중앙집권제를 수립한 곳은 이집트였다. 바로 나르메르(메네스라고도 함)의 제1왕조였다.[7] 그다음은 메소포타미아에 세워진 사르곤의 아카드 왕국과 함무라비의 바빌로니아 왕국이었다. 인도의 마우리아 왕조와 중국의 진 제국은 이보다 훨씬 뒤였다.(부록 표 2 참조) 더구나 인도의 국왕은 신이나 신의 아들도 아니었다. 그들은 크샤트리아에 속해서 브라만(사제)보다 계급이 낮았다. 중국의 전국시대 말기에 해당되는 아소카왕 시대에 와서야 국왕은 자신을 '신들의 총애를 **062**

7 최초로 '중앙집권'을 실현한 곳은 이집트였다. 기원전 3100년 전후, 멤피스를 경계로 나뉜 상이집트(나일강 상류)와 하이집트(나일강 하류)가 나르메르의 무력 정복에 의해 통일왕조가 되었다. 이것이 바로 '제1왕조'다.

받는 자'로 칭했다.[8]

중국의 길은 조금 달랐다.

중국의 군주는 신이 아니라 성인이었다. 그들은 '하늘의 아들'이어서 '천자天子'라 불렸다. '인간 세상의 용'인 천자는 오직 하늘 앞에서만 고개를 숙였다. 물론 그들을 능가하는 사제나 교황 같은 부류의 인물도 없었다. 그래서 중국은 가장 안정적이고 완벽한 제국으로서 이민족의 정복에도, 그리고 내부의 사회제도적 혁명에도 끄덕하지 않았다.

해도는 확실히 다양했다.

그리스와 로마는 또 다른 길을 걸었다. 그들의 정치체제는 사실 귀족정과 과두정을 비롯해 꽤 여러 가지였다. 그래도 간단히 말한다면 아테네는 민주정을, 로마는 공화정을 택했다. 아테네의 민주정은 200년 넘게 지속되다가 마케도니아 왕국에 의해 정복되었다. 그리고 로마의 공화정은 500년 가까이 지속되다가 군주제로 바뀌었다. 그 뒤 서로마 제국이 멸망하기까지 거의 500년이 걸렸다.[9]

항로도 다양했다.

그러나 해도를 구성하는 요소는 세계의 모든 민족이 같았다. 가장 중요한 것은 공공관계, 공공업무, 공권력, 공공기관, 공공규범이었다. 규범에는 시민의 약법約法, 군주의 왕법王法, 그리고 중국의 예법禮法이 있다. 예법, 왕법, 약법은 원칙적으로 전부 성문법이어야 한다. 공권

063

---

8 인도의 아소카왕 시대는 기원전 268~기원전 232년으로서 중국의 전국시대 말기에 해당된다.
9 기원전 594년 '솔론의 개혁'부터 기원전 337년 마케도니아 필리포스 2세와 코린트 동맹을 결성하기까지 아테네의 민주주의는 200여 년 동안 지속되었다. 로마의 공화정은 기원전 509년부터 기원전 27년까지 500년 가까이 지속되었다. 옥타비아누스가 제정帝政을 수립한 뒤부터 서로마 제국이 멸망하기까지의 기간도 500년이다.

력의 행사도 법령과 문서에 근거해 이뤄져야 한다. 그래서 고대 문명 국가들은 전부 문자를 보유했다. 고대 이집트의 그림문자, 수메르의 설형문자, 크레타의 선형線形문자, 인더스 문명의 도장圖章문자 등이 그 예이며 이것들은 '문명의 경계비'였다.

그러면 항로 선택을 이끈 등대는 무엇이었을까?

안전과 자유였다.

안전과 자유는 공정과 효율처럼 모순관계다. 주안점이 달라서 선택도 판이하다. 자유를 더 중시하면 민주제를, 효율을 더 중시하면 군주제를 선택한다. 민주제의 정부는 허약해서 국민의 권리가 침해받지 않도록 보장하지 못하며 국민의 자유도 간섭하지 않는다. 그러나 이런 정부는 고대에 국가의 힘을 집중하여 큰일을 벌이기에는 적당치 않았다. 이것이 대다수 고대 민족이 결국 중앙집권제를 택한 원인 중 하나다. 자연재해에 맞서든, 이민족의 침입에 항거하든 정부는 어쨌든 강하지 않으면 안 되었던 것이다.[10]

문제는, 안전은 기술로 해결되는데 자유는 제도를 통해서만 보장할 수 있다는 점이었다. 그래서 세계의 각 민족은 서로 다른 길을 경유해 민주주의라는 동일한 종착점을 향해 나아갔다. 실로 영원히 끝나지 않을 듯한 기나긴 여정이었다.

이제 그들이 지나온 길을 밟아보고 몇몇 지점을 돌아볼 차례다.

아테네와 필라델피아를 예로 들어보자.

---

10 공정을 더 중시하면 사회주의를 택한다. 사회주의도 효율을 중시하기는 하지만, 반대로 효율을 더 중시하면 자본주의를 택한다. 물론 자본주의도 공정을 중시하지 않는 것은 아니다. 따라서 자본주의와 사회주의는 상호 보완이 가능하다. 인류는 결국 이런 모순 속에서 균형점을 찾아 모두가 풍요로워지는 길로 나아갈 것이다.

민주주의 아테네는 작고 외로웠으며 필라델피아는 그 후신이었다. 그들의 영혼은 독립적이고 자유로우며 평등했다.

민주주의 아테네는 작고 외로웠으며 필라델피아는 그 후신이었다.
그들의 영혼은 독립적이고 자유로우며 평등했다.

제3장

아테네에서 필라델피아까지

민주주의,
그 뜻밖의 사건

전국시대 직전, 지금은 산시山西라고 불리는 곳에서 살인사건이 일어났다. 진晉의 대부 조환자趙桓子가 죽자마자 그의 아들이 친족 집단에게 살해당한 것이다. 그 이유는 본래 조환자의 작위 계승이 그전 조양자趙襄子의 유촉대로 이뤄지지 않았기 때문이다. 그래서 조환자의 아들은 작위를 계승할 수 없었을뿐더러 그만 목숨까지 잃고 말았다.

그리고 같은 해, 아테네 거리에서 햄을 팔던 장사치는 정치가가 돼보라는 꼬드김을 당한다. 왜냐하면 그는 민주주의 인사들의 공통된 특징을 가진 것으로 알려졌기 때문이다. 그 특징이란 바로 미천한 출신, 장사 솜씨, 뻔뻔스러움, 막무가내, 온 가족의 무례함이었다. 어느 장군이 그에게 이렇게 말한다.

"자네는 어떤 사람이 시민의 지도자가 될 수 있다고 생각하나? 지식과 도덕이 있어야 한다고? 아니야. 비열하고 무지해야 하네."

이 재미있는 에피소드는 물론 역사적 사실이 아니라 픽션이다. 그리스의 희곡작가 아리스토파네스의 희극 『기사Hippheis』에 나오는 이야기다. 이 희극은 진의 그 살인사건이 있었던 기원전 424년에 공개 상연되어 일등상까지 받았다. 따라서 역시 일종의 역사로 간주되며 적어도 당시 아테네의 일부 시민이 민주정치를 혐오했음을 보여준다.

이것은 매우 의미심장하다.

누구나 알고 있듯이 아테네 폴리스의 민주주의는 인류 역사상 첫 번째 사례로서 후대에 민주주의의 전범으로 칭송을 받았다. 그런데 당시에 그처럼 풍자거리가 되었을 줄 누가 알았겠는가? 더욱 아이러니한 것은, 본래 희극이 가장 민주주의적 속성을 지닌 예술 양식이라는 점이다. 희극, 특히 풍자극은 민주적인 분위기에서만 존립할 수 있다. 또한 민주국가에서만 희극 작가는 진정으로 언론의 자유를 누릴 수 있으며 상처를 받은 권력가들에게 정치적 박해를 받을까봐 공포에 떨지 않아도 된다. 그런데 이런 민주주의의 예술이 되레 민주주의를 풍자하는 데 쓰이다니 얼마나 놀라운 일인가!

하지만 조금만 생각을 바꾸면 이것이야말로 민주제의 우월성을 정확히 가리키는 사례임을 알 수 있다. 생각해보라. 민주제 국가에서 큰 소리로 민주주의를 반대하는 의견을 말하고 우레와 같은 갈채를 받을 수 있다니, 이보다 더 '안 나쁜' 제도가 어디 있겠는가?

069　　그런데 이 '가장 안 나쁜 제도'는 당시 예외에 속했고 심지어 뜻밖의

사건이었다.

주위를 둘러보면 금세 알 수 있다.

사실 아테네가 민주주의를 실험하고 실천한 두 세기 남짓한 시기에 세계는 민주제가 아니라 군주제에 의해 지배되고 있었다. 아테네의 민주개혁보다 2500년 앞서 제1왕조가 수립된 이집트에서는 이 시기, 페르시아인의 왕조가 섰다가 다시 이집트인의 왕조가 서기를 반복했다. 서아시아에서는 아테네 민주제가 성립되기 1700년 전부터 아카드, 바빌로니아, 히타이트, 이스라엘-유대 같은 국가들이 연이어 등장한 후, 아시리아 제국과 페르시아 제국이 세워졌다. 그리고 아테네와 동시대의 인도와 중국은 중앙집권제를 향해 나아가고 있었다. 중국은 춘추전국시대에서 진 제국으로, 인도는 분열 상태에서 마우리아 왕조로 이행되던 중이었다. 이 중에서 민주주의를 시행하던 곳은 단한 군데도 없었다.

그리스 본토에서조차 서로 다른 세 가지 정치체제가 공존했다. 바로 아테네의 민주정과 코린토스의 과두정[1]과 스파르타의 귀족정이었다. 문명의 기점에서 그리스인들도 각기 제 갈 길을 간 것이다.

민주주의 아테네는 작고 외로웠다.[2]

그래서 자신의 민주적 권리로 맘껏 민주제를 풍자하면서도 아리스토파네스는 당연히 상상도 못 했을 것이다. 아테네의 겨우 2550제곱킬로미터의 국토에서 행해진 정치적 실천의 성공과 실패, 경험과 교훈

---

1 코린토스Corinth는 펠로폰네소스 반도 동북쪽 코린트 만에 있던 폴리스다. 그리스 본토와 펠로폰네소스 반도를 잇는 연결점이었다. 기원전 8세기에서 기원전 7세기 중엽까지 바키아다이 일족이 코린토스의 정권을 장악하고 귀족 과두정을 실시했다.

2 아테네의 민주주의는 기원전 594년 '솔론의 개혁'으로 시작되어 기원전 509년 혹은 기원전 508년의 '클레이스테네스의 개혁'으로 완성되었으며 기원전 443~기원전 429년의 '페리클레스 시대'에 정점을 이루었다. 그리고 기원전 431~기원전 404년의 '펠로폰네소스 전쟁'을 기점으로 쇠락하여 기원전 337년의 '코린토스 회의' 이후 막을 내렸다. 약 200여 년의 역사였다.

이 어떤 씨앗과 원천이 되어 수천 년 뒤 하늘을 찌르는 거목과 도도한 강으로 변해서 "순응하는 자는 번창하고 거스르는 자는 멸망하는順之者昌逆之者亡" 세계사적 조류가 되리라는 것을.

역사적 사실이 생생하게 증명해준다. 어떤 제도와 정신과 문명이 인류 보편의 인성과 가치에 부합하기만 하면 언젠가 결국 모습을 드러낸다는 것을. 당시에는 그것이 뜻밖의 사건이었을지라도.

그런데 이런 문제가 아직 남아 있다. 뜻밖의 사건은 어떻게 일어나게 되었고 특별한 사례는 또 어떤 이유로 보편적 사례로 변했을까?

이 문제에 대해서는 그리스인들이 먼저 답해줄 것이다.

항해와 자유,
식민과 독립

플라톤은 그리스인들을 가리켜 '연못을 둘러싸고 있는 개미와 개구리'라고 말했다.

그 연못의 이름은 에게 해다.

에게 해는 그리스인들의 어머니다. 그녀는 바다 거품 속에서 아프로디테가 창조된 것처럼 그리스인들을 창조해냈다. 유럽의 어느 지역도 그리스처럼 그렇게 길고 구불구불한 해안선과 많은 섬을 갖고 있지 않다. 그리스에서는 어느 산을 올라가도 밑을 내려다보면 거칠고 드넓은 바다가 눈에 들어온다.

그것은 끝없이 넓고 거리낄 것이 없는 자유의 세계다.

이렇게 탁 트인 시야는 사람의 그릇을 크게 만든다. 더구나 겨울에는 햇살이 따뜻하고 여름에는 시원한 무역풍이 불어서 언제든 노천 광장에서 시민회의를 소집할 수 있었다.

그러나 신은 단 한 가지를 그들에게 주지 않았다. 그것은 비옥한 토양이었다. 그리스의 구릉은 황량하고 토양은 척박했다. 풀조차 못 자라는 곳이 많았다. 이런 땅에서 키우기에 적합한 식물은 주로 포도 넝쿨과 올리브나무였으며, 그래서 포도주와 올리브유 그리고 이것들을 담는 도자기 그릇이 만들어졌다. 이런 생산물들은 쉽게 상품으로 만들어져 이집트, 페르시아, 마케도니아 등지로 옮겨졌으며 대신 식량, 목재, 일용품이 수입되었다.

그래서 그리스인들은 외쳤다. 배를 몰고 바다로 나가자고!

항해는 자유로운 여행이었다. 행글라이더와 낙하산이 발명되기 전까지 항해는 인간에게 무엇이 자유인지, 무엇이 책임이고 이성인지 경험하도록 하는 가장 훌륭한 경로였다. 항해 중에는 조금의 경거망동과 무책임한 행동도 자기 자신을 물고기 밥이 되게 할 수 있었다. 그리스 문명에 줄곧 자유와 이성의 정신이 살아 있었던 것은 항해 때문이었음을 잊지 말아야 한다.

이밖에 식민과 상업도 있다.

식민과 상업 역시 그리스인의 장기였다. 통계에 따르면 기원전 8세기부터 기원전 6세기까지 식민활동에 참가한 폴리스가 40여 곳, 이로부터 파생된 폴리스가 130여 곳이었다고 한다. 실로 에게 해의 섬처럼 많은 숫자였다. 그것들의 공통된 특징은 '소국과민小國寡民', 즉 작은 영토와 적은 시민이었다. 에기나 같은 폴리스는 면적이 100제곱킬

로미터에 불과했다. 그러나 이 작은 도시국가들은 강국을 두려워하지 않았다. 기원전 492년 페르시아 제국의 국왕 다리우스는 그리스의 각 폴리스를 굴복시킬 요량으로 사신을 보내 '물과 흙'을 바칠 것을 요구했다. 그런데 아테네인들은 사신을 깊은 연못에, 스파르타인들은 사신을 우물에 집어던졌고 "물과 흙을 원하면 스스로 가져가라!"고 외쳤다.

얼마 후 그리스인들은 마라톤과 살라미스에서 압도적인 전력의 페르시아군을 연파했다. 이 사건은 자유로운 시민들의 자유로운 정신이 얼마만한 힘으로 바뀔 수 있는지 증명해주었다.

진정 자유로운 것은 진정 독립적이다. 그리스의 폴리스 제도와 식민사업의 한 가지 중요한 특징은 바로 '독립'이었다. 그 크고 작은 폴리스들은 서로의 관계가 형제이든 친구이든 모자이든 그리고 민주정을 택했든 과두제를 택했든 귀족정을 택했든 각자 옳다고 생각하는 길을 걸었다. 누구도 그 폴리스들 위에 군림할 수 없었다.

그리스에는 '천자天子'가 없었던 것이다.

사실 그리스인들이 그토록 식민활동에 열중했던 주요 원인도 바로 독립을 바라는 기질 때문이었다. 한 부락이나 폴리스의 대가족이 인구 과잉이 되면 지위가 상대적으로 낮고 주변화와 하층계급화를 달가워 않는 '불평분자'들이 해외 이주를 택했다. 그들의 태도는 분명했다. 식민이 성공하면 고향의 폴리스와 대등한 위치에 서고, 실패하면 **074**

차라리 '야만국'(이집트와 페르시아)에 가서 용병이나 노동자가 되었다. 절대로 다시 귀향해 '용의 꼬리'는 되지 않았다.

독립과 자유가 부귀영화보다 더 중요했다.

바다의 자손, 그리스인들은 바로 이랬다. 항해를 통해 자유를, 식민을 통해 독립을 경험했다. 그렇다면 상업의 의의는 무엇이었을까?

평등을 배웠다.

상업과
평등

평등은 상업활동의 기본 전제다.[3]

인류는 왜 상업이 필요했을까? 교환을 해야 했기 때문이다. 그러면 어떻게 상업이 성립됐을까? 협상이 가능했기 때문이다. 따라서 진정한 상품경제는 평등하게 상호 이익을 추구하고 자유로운 거래와 흥정을 허용한다. 그러려면 반드시 독립적이어야 한다. 독립적이어야 평등하고 평등해야 자유롭다.

누가 독립적이이야 했을까? 또 무엇으로부터 독립적이어야 했을까?

각 개인이 씨족의 혈연 조직으로부터 독립적이어야 했다.

왜 독립적이어야 했을까? 씨족 안에서는 평등하지 않았을까? 평등했다. 하지만 그것은 미덥지 않은 평등이었다. 각 성원은 조직을 떠나서 단독으로 존재할 수 없었기 때문이다. 절대다수의 원시종족이 토템을 두거나 문신을 새겼던 것도 사람들이 종족의 날개 밑에서 안전 **076**

---

3 불평등한 주체는 거래를 할 수 없다. 예를 들어 중국의 황제와 신민臣民이 서로 거래를 할 때는 '진상'과 '하사'의 형식만 가능했다. 가격 협상은 당연히 불가능했다.

한 삶을 살도록 보장하기 위해서였다.

　그것은 사실 일종의 '인신人身 의존'의 관계였다. 그래서 부락이 국가로 변했을 때 씨족민들은 '조직에 대한 의존'에서 '개인에 대한 의존'으로 옮겨갔다. 처음에는 추장에게 의존했고 그다음에는 군주에게 의존했다. 군주제는 그렇게 생겨났다.

　확실히 과거의 의존 대상들과 인연을 끊어야 할 시점이었다.

　씨족 조직은 그 첫째 대상이었다.

　그렇게 해서 대부분의 고대 민족은 군주제를 향해 나아갔다. 오직 그리스인과 훗날의 로마인만 예외였다.

　중국 농민들이 고작 읍내의 시장에 갔던 것과는 달리 그리스인의 상업과 무역은 매우 전문적이었고 씨족과 지역과 국경을 넘어 원거리로 진행되었다. 그들은 북아프리카에도, 시실리에도, 소아시아에도 건너가 전혀 모르는 이민족과 흥정하곤 했다. 이 일에는 세 가지 조건이 요구되었다. 첫째는 명확한 재산권, 둘째는 독립성과 자주성, 셋째는 화폐 사용이었다. 다시 말해 그들은 독립적인 민사民事 책임자로서 상품 매매와 재산 처리와 가격 책정을 스스로 결정할 권리가 있었다. 전보도, 전화도, 이메일도 없던 시대에 바다를 건너는 상인에게 매매가 있을 때마다 씨족부락에 보고하고 지시를 기다리라고 한다면 얼마나 웃기는 일이겠는가. 더구나 그들은 이역에서 아내를 얻고 자식을 낳아 기르며 다시는 돌아오지 않을 가능성도 있었다.

077

그리고 그리스는 역사상 가장 철저한 사유제 사회였다. 개개인이 재산을 소유할 수 있었으며 그것은 신성불가침의 권리였다.

그리스인들은 경제적 독립을 이루었다.

경제적 독립의 결과는 인격적 독립이었고 인격적 독립의 결과는 의지의 자유였다. 사실 누구라도 남의 도움 없이 살 수만 있다면 남의 눈치를 보거나 지시에 따를 필요가 없다. 마찬가지로 자신의 재산을 자유롭게 처리할 수 있으면 신체, 사상, 의견, 정치적 입장과 사회적 태도를 비롯한 자신의 다른 모든 것도 처리할 수 있다. 예컨대 마음에 드는 사람과 사랑을 나눌 수도 있고, 지지하는 사람에게 투표를 할 수도 있고, 반대하는 사람에게 실컷 욕을 퍼부을 수도 있는 것이다.

반대로 "온 천하가 왕의 땅普天之下, 莫非王土"이면 누구도 온전한 재산권을 갖지 못하고 "온 천하 사람이 왕의 신하率土之濱, 王臣"가 되어 독립과 자유를 못 누린다. 사실은 천자조차 하늘의 옥황상제에게 머리를 숙여야 한다.

독립적인 인격과 자유의지는 정말 이토록 중요하다!

그리스 문명의 핵심과 정수도 바로 여기에 있다. 마르크스가 아무 이유 없이 이 시기 그리스의 역사를 가리켜 인류의 유년기에 가장 완벽한 발전을 이뤘다고 말한 것이 아니다. 엥겔스가 그리스인의 혁명을 두고 '폭파'라고 한 것도 일리가 있다. 항해, 식민, 상업이라는 세 가지 폭약으로 씨족의 혈연 조직과 인신 의존의 관계, 나아가 선

사시대 문명의 모든 장점과 단점을 폭파시켜 산산조각 내버렸기 때문이다.[4]

그리스인은 씨족민에서 곧장 시민으로 변신했다.

---

4 마르크스의 말은 『정치경제학 비판 서설』, 엥겔스의 말은 『가족, 사적 소유 및 국가의 기원』 참고.

평등으로
가는 길

독립적 인격과 자유의지를 획득한 그리스인은 해방을 얻기는 했지만 한 가지 새로운 난제에 부딪혔다.

그 난제는 어떻게 인간관계를 처리하느냐 하는 것이었다.

그것이 씨족사회에서는 문젯거리가 아니었다. 혈연은 가장 자연스 럽고 진실하며 따뜻하고 조화로운 관계이기 때문이다. 부모는 자애롭 고 자식은 효성스러우며 형제는 우애가 돈독하고 부부는 뜻이 잘 맞 아야 한다는 것이 중국인들이 일관되게 추구하고 지금껏 효과적으로 실천해온 주장이 아니던가? 하지만 이 시기의 그리스인들은 제우스 같은 '왕을 죽인 영웅', 오이디푸스 같은 '아버지를 죽인 자식'이 되어 진즉에 "왕은 왕답지 않고, 신하는 신하답지 않고, 부모는 부모답지 않고, 자식은 자식답지 않았다君不君, 臣不臣, 父不父, 子不子." 그들은 무엇에 의지해 사회와 집단을 조직하고 각자 자기 의지를 관철하고 살면서도 **080**

큰 혼란에 빠지지 않았을까?

계약이었다.

계약으로 사회를 관리하는 것은 그리스인들에게는 전혀 이상한 일이 아니었다. 상업민족으로서 그들은 일과 관계를 처리할 때 사물物이 사람보다 낫다는 것을 일찍부터 인식했다. 이 '사물'은 바로 화폐와 계약이다. 화폐는 정확하고 깔끔하며 계약은 나와 상대방 모두에게 편리하다. 쌍방이 계약 사항을 준수하고 정해진 돈을 치르면 문제가 생길 일이 없다. 그리고 계약은 쌍방에 대해 똑같은 구속력을 지니기 때문에 공정하면서도 공평하다.

인류 역사상 최초의 평등은 계약 앞에서의 평등이었다.

이렇게 좋은 것이 세상에 안 퍼질 리가 없다. 예를 들어 그것으로 문제를 연구하고 토론하는 방법과 규칙을 만들었다. 그 방법과 규칙들 중에서 논리는 인간과 자연 사이의 약속된 법칙이면서 인간과 인간 사이의 약속된 법칙이기도 하다. 그중에서 증명할 필요도 없이 자명한 것은 '공리'라 하고 추리와 연산을 통해 얻어진 것은 '정리'라 하며 최후의 결론은 '진리'라고 한다. 어떤 결론이 진리인지 아닌지는 특정 개인이 판단할 수 없다. 약속된 일련의 공리나 정리에 부합하는지 살펴야 한다. 이것은 누구에게나 똑같다.

과학의 탄생으로 진리 앞에서도 모두가 평등해졌다.

081　　계약은 자연에 적용되는 만큼 사회에는 더욱 잘 적용된다. 사회의

계약은 바로 법이다. 다만 그것은 상업계약처럼 일대일로 체결하지 않고 전체 시민들이 함께 체결한다. 사회 문제에 관한 것이어서 '사회계약'이라고 부른다. 이 '사회계약'에서는 자신과 다른 사람이 서로 갑과 을이 된다. 민주주의의 '자신이 자신을 통치하는' 성격과 흡사하다. 이런 계약은 당연히 더욱 잘 지켜야 하며 입법자와 집행자도 예외가 아니다. 입법자 스스로 법을 어겨 처벌을 받더라도 그것은 그에게 비애가 아니라 영광이자 성공이다.

법치의 탄생으로 법 앞에서도 모두가 평등해졌다.

그러나 여기에는 문제가 있다.

계약 앞에서의 평등은 문제가 없다. 갑과 을은 인격적으로 평등하고 권리도 대등하기 때문이다. 의견이 엇갈렸을 때에는 체결하지 않으면 되고 사정이 생겼을 때에는 수정하면 된다. 또한 이행하지 못할 때에는 인정하고 배상하면 된다. 결국 계약은 상의가 가능하다. 갑과 을 쌍방이 상의하기만 하면 된다.

법도 이럴 수 있을까?

어렵다. 전체 시민이 함께 체결하는 계약이므로 조항마다 다 같이 의견 일치에 이르는 것은 불가능하다. 만약 이 사람도, 저 사람도 의견이 다르고 합쳐지지 않으면 어떻게 해야 하나? 법을 포기해야 하나?

당연히 그럴 수는 없다.

먼저 두 가지 약속을 하는 수밖에 없다. 첫째, 법을 제정하면서 불 **082**

가피하게 '최대공약수'를 찾아야 한다. 다시 말해 모두가 받아들이거나 혹은 모두가 용인하지 않는 것만을 찾아야 한다. 예를 들어 살인하지 마라, 방화하지 마라, 도둑질하지 마라, 강간하지 마라, 남의 집에 무단 침입하지 마라 등이다. 이런 것을 반대하는 사람은 없으므로 곧장 법에 집어넣을 수 있다. 이것이 바로 '법치의 원칙'이다. 둘째, 최대공약수도 못 찾으면 투표를 통해 소수가 다수를 따라야 한다. 이것은 '민주적 원칙'이다.

법치와 민주주의는 쌍둥이인 것이 틀림없다. 법이 관여하는 선은 최저한도에 그친다. 더 높은 요구, 예를 들어 정의를 위해 싸운다든가, 다친 사람을 구한다든가, 남을 돕는 것을 즐거움으로 여기는 것 등은 법이 관여하지 못한다. 도덕에 의지할 수 있을 뿐이다. 이로 인해 서양인들은 또 다른 계약을 맺어야 했다. 다만 이번 계약의 상대방은 하느님이었고 계약 내용은 착한 사람이 천당에, 나쁜 사람이 지옥에 가도록 하느님이 승낙하는 것이었다.

종교의 탄생으로 하느님 앞에서도 모두가 평등해졌다.

당연히 그리스인은 그 계약 현장에 있지 않았다. 역사에서 그들의 페이지는 한참 전이기 때문이다.

참으로 이상한 일이 아닐 수 없다. 이처럼 독립과 자유, 과학과 민주주의, 햇살 같은 청춘의 매력을 다 지녔던 그리스가 어째서 순식간에 사라진 걸까?

쇠락과
부흥

그리스의 쇠락은 그리스인들이 자신들의 정신을 잃은 것이 원인이었다.

무엇을 그리스 정신이라고 하는가? 독립과 자유, 과학과 민주주의다. 그러나 그리스의 민주주의가 불철저했던 것처럼 그들의 독립, 자유, 평등도 불완전했다. 노예는 부자유했고 여자는 독립적이지 못했으며 남자와 여자도 불평등했다. 심지어 민주주의 시대 아테네의 법에 따르면, 남의 아내와 간통한 자는 목숨을 내놓아도 강간한 자는 벌금형에 그쳤다. 강간은 여자의 권익을 해칠 뿐이지만 간통은 남자의 존엄에 도전하고 재산까지 남의 수중에 떨어지게 할 수 있기 때문이었다. 예를 들어 아무것도 모르는 남편이 멍청하게 남의 씨앗을 자기 아들로 삼을 수도 있는 것이다.

자, 이런 해괴한 논리는 무엇을 의미할까?

해괴한 논리를 고집한 결과, 그리스는 부정적인 방향으로 치닫게 되었다. 그리스-페르시아 전쟁이 끝난 뒤, 승리한 아테네는 탐욕스럽고 이기적이며 안하무인에 절제를 모르게 되었다. 자신들은 그럴 자격이 있다고 생각했던 것 같다. 그도 그럴 것이 페르시아 제국의 두 번에 걸친 침략을 격퇴했고 수많은 폴리스는 아테네가 중심이 된 그리스 동맹에 앞 다퉈 참여했으며 페리클레스가 수석 장군을 맡았던 15년 동안 아테네는 최전성기를 구가하며 '그리스인의 학교'라고 불렸기 때문이다.

그래서 아테네인들은 자신들이 패권을 장악했다고 생각했다.

그 결과는 동맹국의 반항이었다. 스파르타의 불만으로 인해 무려 27년 동안 펠로폰네소스 전쟁이 이어졌다. 그러고서는 마케도니아가 허점을 잡고 침략해옴으로써 수많은 폴리스가 유명무실해져버렸고, 그다음에는 그리스 전체가 군웅들의 각축장이 된 뒤 결국 로마의 판도에 흡수되었다.

확실히 그리스의 쇠락과 멸망은 아테네가 해상의 패권을 꾀했을 때부터 시작되었다. 그때 그들은 힘을 믿고 약자를 멸시하면서 스스로를 배반했다.

그리스 정신은 그리스인에 의해 소실되었다. 남은 것은 '정신적 유산'뿐이었다.

하지만 그것은 아주 소중한 유산이었다! 고대 로마의 입법과 사법,

영국의 마그나 카르타와 국회, 이탈리아의 르네상스, 네덜란드의 첫 부르주아 공화국(홀란드 공화국), 프랑스의 인권선언에서 모두 그리스 정신의 번뜩이는 빛을 확인할 수 있다.

또한 유럽 봉건시대의 '도시 자치'도 언급할 필요가 있다.

이른바 '도시 자치'란 간단히 말해 도시민들이 돈을 모아 국왕에게 '특허장'을 사는 것이다. 이 특허장만 있으면 시민들은 단체를 조직하고 그 단체의 인장으로 협약을 맺을 권리를 가질 수 있었으며 자신들의 시청, 법원, 외곽의 시유지도 소유할 수 있었다. 스스로 자신들의 도시를 관리했던 것이다. 심지어 그들은 제왕의 명령과 국가의 법조차 신경 쓸 필요가 없었다. 그래서 한 지역의 자치도시들이 연맹을 조직해 황제나 국왕과 전쟁을 벌인 적도 있었다.

거칠게 말하면 도시의 자치는 시민들이 돈을 주고 자유를 산 결과였다.

그것은 중국인들에게는 매우 낯선 일이지만 대단히 중요한 의의를 지니고 있다. 당시 시민들이 이미 하나의 계급이었을 뿐만 아니라 정치적 요구와 집권의 능력을 지녔음을 의미하기 때문이다. 시민 계급은 부르주아 계급의 전신이며 도시 자치는 자본주의의 전조였다. 그런 자유의 힘이 충분히 강해졌을 때 유럽 봉건사회는 막을 내리게 된다.

그런데 도시의 자치가 가능했던 데에는 두 가지 원인이 더 존재한다. 첫째, 독립적이고 자주적이었던 고대 그리스의 폴리스는 본래 자치를 시행했고 그 전통이 단속적으로나마 계승되었다. 둘째, 고대 로마부터 훗날에 이르기까지 서구 세계의 국가 체제와 국가 형식이 어떻게 변화하든 계약과 법치의 정신은 일관되게 이어졌다. 유럽의 각 봉건군주와 신하의 관계조차 계약으로 규정되었다. 이 두 가지 전제가 있었기에 새로운 형태의 국가와, 완전히 새로운 방식의 국가 수립 과정이 곧 선보이게 된다.

그 국가의 이름은 바로 '아메리카합중국'이다.

미국 정신과
그리스 정신

미국은 그리스 폴리스의 '환생'이다.

그리스인과 마찬가지로 미국인의 건국사도 항해, 식민, 상업과 밀접한 관계가 있다. 미국의 전신은 본래 세 종류, 열세 곳으로 나뉘었던 영국 식민지였다. 첫째 종류는 메릴랜드처럼 영국 국왕이 책봉한 '영주 식민지', 둘째 종류는 버지니아처럼 왕의 특허장을 받은 회사가 세운 '회사 식민지', 그리고 마지막 종류는 로드아일랜드와 코네티컷처럼 자유 이민들이 자제 계약에 따라 세운 '자치식민지' 혹은 '계약식민지'였다.

하지만 어떤 종류든 모두 자치식민지인 셈이었다. 영국 국왕이 주권을 가졌다고는 해도 사실 "주권은 왕에게, 통치권은 시민에게" 있었다. 그리고 13개 식민지 사이에는 상호 예속관계도 없고 통일적인 체제도 없었다. 맹서나 계약에 따라 다스려지는 곳도 있고, 모든 절차가

헌병 사령관에게 넘겨진 곳도 있고, 어떤 농작물을 심는 것까지 관리가 다 결정하는 곳도 있었다. 그 식민지들은 전혀 무관해 보였으며 어떤 곳들은 서로 교류가 전혀 없었다.

그러나 단 한 가지는 같았다. 그것은 바로 핵심적 가치관인 독립, 자유, 평등이었다.

매사추세츠에 관해 잠시 이야기해보자.

1620년 영국의 분리파 청교도들이 승선한 메이플라워 호가 66일간의 항해 끝에 매사추세츠에 도착했다. 그때 배에서 내린 사람들은 모두 102명이었지만 추운 겨울이 58명의 생명을 앗아갔다. 그리고 이듬해 봄, 메이플라워 호가 다시 그곳에 들렀을 때, 선장은 깜짝 놀랐다. 죽음의 문턱에서 헤매면서도 그들 중 누구 하나 영국으로 돌아가려 하지 않았기 때문이다. 이유는 간단했다. 그곳에는 독립과 자유가 있어서였다.

그것은 실로 "자유가 아니면 죽음을"이라는 말과 정확히 맞아떨어진다.

고난 속에서도 용감했던 그 사람들은 최초의 북아메리카 이민이 아닌데도 미국인들의 정신적 선구자로 간주되고 있다. 사실 매사추세츠는 줄곧 독립운동의 발원지이자 자유로운 정신의 실행자였다. 바로 그곳 사람들이 최초로 '주권재민主權在民' 사상을 구현한 '메이플라워호 공약'을 제정했고, 또 '반反인지세법 대회' 소집을 발의해 영국 정부의 터무니없이 무거운 세금 부과를 거부했다. 다량의 영국 찻잎을 바다에 내다버린 이들도 그들이었다. 그들에게는 자유가 찻잎보다 더 값비싸고 중요했기 때문이다. 그뿐만이 아니었다. 영국인들이 그들의 보스턴 항을 폐쇄한 뒤에는 어느 누구도 영국군 병영의 보수 작업에 응하거나 영국군에게 곡식을 팔지 않았다. 실업자도, 가난한 농민도 예외가 아니었다. 차라리 빈털터리가 될지언정 절대로 자유를 내놓으려 하지 않은 것이다. 훗날 독립전쟁의 포성이 매사추세츠에서 먼저 울린 것은 결코 이상한 일이 아니다.

이런 정신은 매사추세츠인의 것이면서 모든 아메리카인의 것이기도 했다. 그래서 그들은 파격적으로 펜실베이니아의 필라델피아에 모여 두 차례에 걸쳐 '대륙회의'를 열었다. 그런 다음, 전쟁에서 승리한 뒤 그들은 당연히 뿔뿔이 흩어졌다. 꽤 여러 해가 지난 뒤에야 필라델피아에서 제헌회의를 열었다. 본래 그들이 연합한 것은 독립을 위해서였고 전쟁을 벌인 것은 자유를 위해서였다. 영국 국왕을 몰아내 놓고 또 '미국 국왕'을 만들 필요가 없었던 것이다.

그래서 그들은 나중에 연방헌법을 만들고 연방정부를 수립하고도 건국일을 '독립선언문'이 통과된 1776년 7월 4일로 정했다. 확실히 미국인이 보기에는 국가의 형식보다 국가의 정신이 훨씬 중요한 것이다. 아니면 국가 정신이 가장 중요하고 다음이 헌법이며 그다음이 국회, 최고법원, 대통령이라고 말할 수도 있다.

이것은 '미국 정신'이면서 동시에 '그리스 정신'이기도 하다. 독립, 자유, 평등, 과학, 민주주의, 법치가 아테네에서부터 필라델피아까지 끝없이 아득한 길을 통해 이어진 것이다.

여기에서 그 불후의 선언문을 다시 떠올려보자.

"우리는 다음과 같은 것을 자명한 진리라고 생각한다. 즉, 모든 사람은 평등하게 태어났으며 조물주는 몇 가지 양도할 수 없는 권리를 모두에게 부여했고 그 권리 중에는 생명과 자유와 행복의 추구가 있다. 바로 이 권리를 보장하기 위해 인류는 정부를 수립했는데……"

왜 국가가 필요했을까? 이제는 분명히 밝힐 수 있다!

문명의 비밀도 백일하에 드러날 것이다.

문명이 탄생하면 샤머니즘은 제 역할을 마치고 물러난다.
그리스인은 그것을 과학으로 바꿨고 인도인은 그것을 종교로 바꿨다.
그리고 중국인은 그것을 예약으로 바꿨다.

제4장

종교를 거부하다

중국은 행운의
생존자가 아니다

서양 문명의 '메이플라워 호'가 아테네에서 닻을 올리고 로마, 콘스탄
티노플, 런던, 암스테르담을 거쳐 필라델피아에 당도했을 때, 세계의
다른 고대 문명들은 어떻게 되었을까?

대다수는 소리 없이 사라져버렸다.

문명의 쇠락은 거의 정해진 운명과도 같다.

올메카는 중남미의 열대 밀림 속으로 감쪽같이 사라졌고 하라파
는 인더스 강 유역에서 이유 없이 증발했으며 수메르, 아카드, 바빌로
니아, 아시리아도 황사와 흙더미 속에 흔적도 없이 매몰되었다. 크레
타는 훗날 정복자 마케도니아인들에게 철저히 파괴당했다. 그리고 이
집트는 비옥한 땅과 기나긴 강은 그대로였지만 민족과 문명은 본래의
것이 아니었다. 고대 이집트도 피라미드와 그 속의 미라만을 남기고
사라졌다.

폐허 위에 나타난 다음 세대를 서양 사학계에서는 '고전문명'이라고 부른다. 그들의 운명은 매우 다채로웠다. 마야는 갑자기 사라졌고, 페르시아는 재가 되었고, 비잔틴은 완강히 버티다가 무너졌고, 아랍은 점점 커져서 세계로 나아갔고, 그리스와 로마는 부활하여 르네상스를 통해 현대로 이어졌다.

멀리 바다 저편의 아메리카 대륙은 전혀 딴판이었다. 특히 올메카, 마야, 테오티우아칸, 아스테카는 하나같이 미스터리다. 그들은 다 석기문명이었으며 최초로 옥수수를 심고 고추를 먹고 코코아를 마셨다. 태양신을 숭배하여 피라미드를 지었고 '깃털 달린 뱀'을 위한 신전도 만들었다. 그들은 수학에 대단히 뛰어났으며 풍부한 천문학적 지식과 매우 복잡한 역법도 소유했지만 야만적이게도 살아 있는 인간을 신에게 제물로 바쳤다.[1]

그것은 어떤 문명이었을까?

그들은 내력이 불분명하다. 고고학적 발견에 따르면 올메카 문명은 하늘에서 뚝 떨어진 것처럼 전조 없이 나타났다. 테오티우아칸은 더 희한하다. 그들의 '신성한 도시'는 태양계의 모형에 따라 건축한 것이라고 하는데, 건축자들은 간데없이 사라지고 빈 도시만 달랑 남았다. 설마 정말로 테오티우아칸은 외계인의 일족이고 올메카는 은상股商의 후예였던 걸까?[2]

095 문명의 길은 지금껏 천편일률이었던 적이 없다. 일정한 규칙도 존

---

1 올메카, 마야, 테오티우아칸, 아스테카는 모두 산 사람을 희생시키는 제사와 피라미드 그리고 태양신을 숭배하는 신앙이 있었다. 올메카와 테오티우아칸, 이 두 민족은 감쪽같이 사라졌고 마야는 알 수 없는 이유로 도시를 버리고 떠났다. 아즈텍만 스페인에게 멸망당했다.
2 전 세계의 어떤 고고학자도 테오티우아칸인이 어디에서 와서 또 어디로 갔는지 답하지 못한다. 그들이 무슨 언어를 사용했는지도 모른다. 그런데 테오티우아칸의 도시가 태양계의 모형에 따라 지어졌고 그 주요 건축물들 사이의 거리가 태양계 행성들의 운행 궤도와 일치한다는 사실이 밝혀졌다. 그래서 테오티우아칸인이 외계인의 일족이었다는 의심이 생겨났다.

재하지 않았다.

중국 문명은 한층 독자적이었다.

별개의 고대 문명과 고전 문명이 이어진 인도와는 달랐다. 앞에는 크레타 문명이, 뒤에는 로마 문명이 있었던 그리스와도 달랐다. 물론 아카드인, 바빌로니아인, 히타이트인, 아시리아인, 페르시아인, 마케도니아인, 로마인, 아랍인, 몽골인, 돌궐인이 교대로 통치한 메소포타미아와는 더더욱 달랐다. 중국 문명을 창조한 이들은 계속 동일한 민족이었다. 단지 부단히 확장되고 새로운 피가 늘어났을 뿐이다. 마치 큰 강에 흘러 들어오는 지류가 아무리 많아도 본류의 성질은 바뀌지 않는 것과 같다.

이 본류는 처음에는 하夏, 나중에는 화하華夏라고 불렸고 지금은 중화민족이라 불린다.

그들이 창조한 것도 단 하나의 문명이었다. 이 문명은 하, 상商, 주周부터 근현대에 이르기까지 3700년 동안 중단된 적이 없다. 그 사이에는 난층과 공백, 쇠락과 멸망도 없었다. 어쩌면 서양인들이 '고대 문명'이라고 간주한 상은 이단 혹은 예외일 수도 있을 것이다. 하지만 그것도 한 민족이 청춘기의 사소한 '반역심리'로 인해 집을 나가 잠시 방황했던 것에 불과하다. 그는 얼마 안 있어 "4대가 함께 사는" 대가족에게 돌아갔다. 족보에는 여전히 그의 위치가 있었다.

중국은 무슨 '고대 문명의 행운의 생존자'가 아니다. 본래 강인한 생명력을 지녔다.

또한 고대 문명, 고전 문명, 현대 문명의 3단계론도 중국에는 맞지 않다.[3] 그러나 다른 문명을 참고하는 것은 가능하며 필요하기도 하다.

인도를 예로 들어보자.

3 서양 사학계는 인류 문명을 고대 문명, 고전 문명, 현대 문명으로 나눈다. 고대 문명은 주로 메소 포타미아, 이집트, 크레타, 인더스, 중국 상나라 문명을 가리키며 고전 문명은 그리스, 로마, 인도, 서주 이후의 중국을 포괄한다. 또한 고대 문명의 쇠락은 유목민족의 침탈이 원인이었다고 하는데, 서주가 상을 대체한 것도 '만족蠻族의 침입' 때문이었다고 설명한다. 이런 관점은 확실히 중국의 상황과는 맞지 않아서 이 책에서는 배제했다.

히말라야
저편

인도와 중국은 비슷한 점이 대단히 많다.

어떤 의미에서는 중국과 인도도 메소포타미아, 즉 '두 강 사이의 땅'이다. 중국의 두 강은 황허 강과 양쯔 강이며 인도의 두 강은 인더스 강과 갠지스 강이다. 그런데 메소포타미아의 그 두 강 유역은 확 트인 평지여서 전략상 반드시 싸워서 취해야 하는 곳이지만, 중국과 인도는 바깥과 차단되어 있다. 화약 무기가 없던 시대에 호전적인 서쪽 야만족들은, 드물게 아주 강대한 세력을 제외하고는 이 두 지역을 침공하기 힘들었다. 그래서 오래된 이 두 문명은 각기 유라시아 대륙의 동쪽 끝과 남쪽에 위치하여 독립적으로 꿋꿋이 발전한 끝에 근현대에 이르렀다.

그러나 히말라야 산맥을 사이에 둔 중국과 인도, 이 두 문명은 다른 점도 많다. 인도인들의 문명은 중국 상商나라의 왕 반경盤庚이 은殷 **098**

으로 천도했을 때, 이미 세대가 한 차례 바뀐 터였다. 첫 세대는 드라비다인이 창조한 '인더스 문명' 혹은 '하라파 문명'이었다. 그리고 다음 세대야말로 '인도 문명'이며 아리아인이 침입한 후 인더스 강과 갠지스 강 유역에 세웠다. 인더스 문명과 인도 문명 사이에는 수백 년의 공백이 있었다.

중국 문명은 대가 끊긴 적이 없다. 확장과 수용이 있었을 뿐이다. '문화권'이었던 하나라의 판도는 매우 협소했다. 대략 황허 강 중하류 일대에 불과했다. 그 외의 지역은 이민족의 것이었다. 이어 상나라의 세력 범위는 훨씬 넓어져서 청동기 문화를 무기로 남쪽 지방에까지 거점을 마련했다. 서주의 문화권은 훨씬 거대했다. 영향권이 북쪽으로는 랴오허遼河 강, 서쪽으로는 농우隴右(간쑤 성과 산시陝西 성 경계의 룽산隴山 산 서쪽 지역), 남쪽으로는 양호兩湖(후난湖南과 후베이湖北)를 넘어 양광兩廣(광둥廣東과 광시廣西)에까지, 그리고 동쪽으로는 멀리 지금의 장시江西, 안후이安徽, 장쑤江蘇, 저장浙江에 이르렀다.[4] 물론 상나라인과 주나라인은 처음에 그 먼 지역들에 점 모양으로 고립된 문화 거점을 만드는 것이 고작이었으며 이민족들은 '싼싱두이三星堆 문명'처럼 각기 독자적 문화를 구가했다. 그러나 훗날 파촉巴蜀(쓰촨四川 지역), 민월閩粵(푸젠福建과 광둥 지역) 등을 비롯한 모든 소형 문화권은 중국 문명의 일원이 되었다.

099 국가의 길도 달랐다. 물론 인도도 부락에서 국가로 발전했다. 그들

---

4 하·상·주의 문화적 범위는 쉬줘윈許倬雲의 『서주사西周史』 참고.

이 가장 먼저 세운 국가는 도시국가였고 중국의 춘추전국시대와 비슷하게 소국들이 난립한 '열국시대ﾀ国時代'가 펼쳐졌다. 그러나 그 소국들에게는 주의 천자 같은 '천하공주天下公主'가 없었다. 더구나 하·상·주부터 원·명·청까지 모두 군주제였던 중국과는 달리 군주국과 공화국이 섞여 있었다.

이후의 행로는 더 달라졌다. 진, 한 시대부터 중국은 분열 시기보다 통일 시기가 더 길어졌다. 혼란이 가장 오래갔던 위진남북조도 사실은 반半 분열 상태였다. 인도는 정반대였다. 통일은 짧고 분열이 장기간 이어졌다. 심지어 칸바 왕조부터 굽타 왕조 사이의 300여 년은 역사적 사실조차 잘 알려져 있지 않다. 그리고 마지막에는 무슬림 왕조와 영국인의 식민지로 변했다.(부록 표 4 참조)

중국은 이어지고 합쳐졌지만 인도는 끊어지고 흩어졌다.[5]

그러나 분열과 침탈은 결코 인도 문명을 소멸시키지 못했다. 그 원인은 무엇일까?

문화의 힘이다.

인도는 역사적으로 빈번히 이민족의 침입을 받았다. 기원전 518년부터 차례로 인도를 침략한 민족들은 페르시아인, 마케도니아인, 조지인條支人(조지는 지금의 이라크 땅에 존재했던 고대 왕국으로 기원전 64년 로마에 의해 망했다), 대하인大夏人(대하는 서한의 장건張騫이 서역을 돌아보고 와서 처음 언급한 서역의 고대 왕국 중 하나), 파르티아인, 새종인塞種人(고대 신장 지역의

---

5 중국 문명의 특징은 연속과 집산, 인도 문명의 특징은 단절과 분열이라는 것은 스타브리아노스의 『전세계 통사』 참고. 이 관점에 대해 학계에서는 이견이 많다.

유목민족으로서 기원전 160년 전후, 대월지大月氏에 의해 축출되어 북인도로 남하해 왕조를 건립했다), 쿠샨인, 흉노, 백흉노, 아랍인, 돌궐인, 튀르크인, 몽골인, 마지막에는 포르투갈인, 네덜란드인, 프랑스인, 영국인이었다. 가장 의아한 것은 아리아인들 자신의 마우리아 왕조와 굽타 왕조는 겨우 200여 년 유지된 반면, 돌궐인의 델리 술탄 왕조와 몽골인의 무굴 왕조는 오히려 300년 넘게 건재했다는 사실이다.(부록 표 5 참조)

이런 와중에도 인도 문명이 지금까지 끈질기게 이어져온 것은 무엇 때문일까?

바로 종교에 그 답이 있다.

빛이 있으면
그늘이 있다

종교는 인도인의 생명선이다.

인도인만큼 종교에 매료된 민족은 세상에 없을 것이다. 그들에게 국가는 없어도 되고 민족도 없어도 되지만 종교는 없으면 안 된다. 그들은 심지어 특정 종교에 얽매일 필요도 없다. 힌두교, 불교, 자이나교, 이슬람교, 시크교 등에서 어느 것을 택해도 괜찮다. 하지만 종교가 없으면 안 된다.

사실 문명의 변천, 문화의 전파, 정권의 교체, 왕조의 흥망은 인도에서 모두 종교와 밀접한 관련이 있었다. 마우리아 왕조는 불교를 신봉했다. 제3대 군주 아소카 왕은 칼을 내려놓고 불문에 귀의한 뒤로는 이웃 나라에 군대를 보내는 대신 불법을 펼 고승들을 보냈다. 이로 인해 그는 '전륜성왕轉輪聖王'이라는 칭호를 얻었고 불교는 세계 3대 종교 중 하나가 되었다. 이어서 굽타 왕조는 브라만교를 신봉했다. 하지만 마우리아 왕조와 마찬가지로 모든 종교를 관용적으로 대했다. 그 결과, 이 왕조의 치하에서 인도 문화는 당나라에 비견될 정도로 극성기를 맞았고 『샤쿤탈라』 같은 위대한 문학작품도 나왔다. 그리고 이민족이 세운 쿠샨 왕조는 뜻밖에도 불교를 자신들의 고향 중앙아시아에 전파하여 중국까지 흘러들어가게 했다.

돌궐인의 델리 술탄 왕조, 몽골인의 무굴 왕조는 다 이슬람교를 국교로 삼았다. 그러나 무굴 왕조의 제3대 군주인 아크바르 대제는 관대한 정책을 폈을 뿐만 아니라 힌두교를 믿는 여자를 아내로 삼아 국민의 마음을 사로잡았다. 반대로 고압적 정책을 편 델리 술탄 왕조는 남부의 힌두교도 왕족들의 반항에 직면했으며, 무굴 왕조의 제6대 황제는 강제로 이슬람교를 전파해 왕조의 멸망을 앞당겼다.[6] 그의 종교 정책은 인접 국가와 서양인들의 침략에 명분을 주었을 뿐이다.

일찍이 아크바르 대제는 종교마다 빛이 있으며, 빛이 있으면 많든 적든 그늘이 있게 마련이라고 했다. 뛰어난 황제의 날카로운 통찰력을 확인할 수 있다.

여기서 유대인에 관해 잠시 짚어볼 필요가 있다.

유대인은 세계 민족사의 기적이라고 할 만하다. 조국을 잃고 무려 1800년 동안 세계 각지에 흩어져 떠돌고도 살아남은 민족은 그들밖에 없다. 그 공은 그들의 문화, 특히 그들의 종교에 돌려야 한다. 그것은 세계에서 가장 오래된 '일신교—神敎'다. 야훼를 유일한 주님으로 믿

6 무굴 왕조의 제 6대 황제 아우랑제브는 일명 '알람기르'(세계의 정복자라는 뜻)라고 불렸다. 그의 아버지는 유명한 타지마할을 세운 샤자한이다.

고 선지자의 가르침을 받아들이며 계율과 금기를 엄격히 지키기만 하면 세상 어디에 있든, 돈이 많든 적든, 피부색이 희든 검든 그 사람은 유대인이다.

그런데 안타깝게도 인도인과 유대인의 경험이 중국인에게는 적용이 안 된다.

중국인도 문화적 힘이 강한 민족이다. 중국의 역사를 보면 국가가 분열되어도 문화는 종전과 달라지지 않았다. 이민족이 쳐들어와 중원의 주인이 될 수는 있어도 문화는 반드시 유지되어야 했다. '망국'은 단지 한 가문, 한 성씨, 한 정권에 국한된 일이고 문화의 소멸이야말로 어마어마하게 큰 일이기 때문이었다. 그래서 진이 한으로, 수가 당으로, 심지어 송이 원으로, 명이 청으로 바뀌면서도 문화나 문화정신만 바뀌지 않으면 천하는 과거의 그 천하, 중국도 과거의 그 중국이었다.

그런데 중국의 문화적 힘은 종교와는 무관하다.

중국인은 아마도 세계에서 종교의식, 종교관, 종교적 믿음이 가장 결여된 민족일 것이다. 불교가 전래되기 전에 중국인은 종교가 무엇인지도 몰랐다. 불교가 전래된 뒤에도 처음에 그것은 '방술方術(점술, 양생술, 오행, 천문 같은 주로 신비주의적인 전문 기술을 뜻함)'로 간주되었다. 물론 중국인도 귀신을 숭배하기는 했다. 그러나 금세 비종교적 태도로 변했다. 공자의 견해는 "제사를 지낼 때 앞에 있는 것처럼 한다는 것은, 신에게 제사를 지낼 때 신이 앞에 있는 것처럼 한다는 것이다祭如在, 祭

104

神如神在"라고 했고 민간의 관념은 "믿으면 영험이 있고 영험이 없으면 믿지 않는信則靈, 不靈則不信" 것이었다. 말하자면 실용주의적인 중용의 태도였다. 상제上帝가 존재하는가? 귀신은 존재하는가? 보이지 않는 곳에 정말 신비한 힘이 존재할까? 쓸모가 있으면 그냥 존재한다고 하면 그만이었다.

설마 이것도 믿음이고 종교라고 할 수 있을까?

여태껏 믿음은 중국인에게 필수적인 것은 아니었다. 종교도 마찬가지였다.

여기에는 세 가지 문제가 있다. 첫째, 종교의 기원은 무엇일까? 둘째, 사람들은 왜 종교가 필요한 걸까? 셋째, 중국인에게는 왜 종교가 없을까?

샤머니즘의
아들

종교는 샤머니즘의 '차남'이다.

샤머니즘은 인류의 가장 오래된 문화 양식 중 하나다. 시간상으로 그 앞에 있는 것은 단 한 가지, 도구의 발명과 사용뿐이다. 거의 모든 민족이 원시시대에 샤머니즘을 가졌다. 인도의 베다를 보면 상고시대 샤머니즘에 관한 기록이 적잖이 눈에 띈다. 중국 민족도 마찬가지다.

샤머니즘은 왜 있어야 했을까?

육체의 생존을 위해 그리고 영혼의 안정을 위해 있어야 했다.

당연히 육체의 생존이 우선이었다. 이를 위해서는 갖가지 현실적인 문제를 해결해야 했다. 그런데 기술이 미비하거나 쓸모가 없으면 무슨 수단이든 닥치는 대로 동원해야만 했다. 예를 들어 비가 안 오면 하늘을 향해 물을 뿌리고 임신이 안 되면 생식 숭배를 했다. 이것이 바로 샤머니즘이다.

물론 현실적 문제를 해결하는 것만이 목적이라면 샤머니즘의 방법은 그리 큰 쓸모가 없다. 그래서 필연적으로 과학이 탄생했다. 그러나 과학도 시행착오가 필요하며 샤머니즘은 인류의 '집단적 시행착오'였다. 샤머니즘의 무수한 시행착오가 없었다면 우리는 일기예보도, 인공강우도 할 수 없었을 것이다. 바로 샤머니즘이 인류를 과학의 문으로 인도했다고 할 수 있다.

따라서 샤머니즘은 '거짓 과학'이 아니라 '전前과학', 즉 과학 전의 과학이다.

과학은 샤머니즘의 '적자'다.

실제로 과학과 샤머니즘은 일맥상통하는 점이 있다. 둘은 모두 세계에 법칙이 있으며 그 법칙을 파악할 수 있다고 생각한다. 인류는 일단 그 법칙을 파악하기만 하면 사태를 통제하고 현실을 바꿀 수 있다. 단지 과학이 파악하는 법칙은 현실의 법칙이고 샤머니즘은 잘못된 길로 들어설 가능성이 크다는 점이 다를 뿐이다. 이것이 결국 과학이 샤머니즘을 대체한 이유다.

그러나 인류는 과거와 완전히 절연하지는 못한다. 과학이 파악한 부분에 비해 미지의 영역이 훨씬 더 광대하다는 것을 잊어서는 안 된다. 그래서 우리는 호기심과 예민함을 버리지 못하며 심지어 터무니없는 상상에도 빠지곤 한다.

107 샤머니즘은 인류의 그 예민한 신경을 정확히 대표한다.

샤머니즘이 세계를 탐색하는 방식은 아마도 옳지 않다고 할 수 있다. 그런데 과학의 방법은 정확하긴 하지만 꼭 유일한 것만은 아니다. 적어도 과학이 탄생하기 전, 샤머니즘은 수천 년에 걸쳐 미지의 것에 대한 인류의 공포를 줄여주고 어처구니없는 재난으로 입은 상처를 어루만져줌으로써 미래에 대한 인류의 전망을 좀 더 온화하고 희망적으로 바꿔놓았다.

샤머니즘은 원시 인류의 '심리치료사'였다.

따라서 샤머니즘에게는 두 아들이 있는데, 바로 종교와 철학이다.

과학은 결코 만능이 아니기 때문이다.

세상에는 과학이 답하지 못하는 문제가 무척이나 많다. 예를 들어 '최초의 원동자原動子'(세계를 최초에 움직이게 한 것)는 무엇인지, 행복은 무엇인지, 삶의 가치와 의미는 무엇인지 과학은 이야기해주지 못한다. 인류가 피할 수 없는 이 문제들은 오로지 종교와 철학의 몫이다.

종교와 철학은 미지의 세계에 대한 샤머니즘의 접근을 이어받았다. 단지 접근 방식만 다를 뿐이다. 철학은 초현실적, 초경험적인 추상적 문제에 대한 사유이며 종교는 초자연적, 초세속적인 신비의 존재에 대한 믿음이다. 그래서 종교는 믿음에 의지하고, 철학은 사변에 의지하고, 과학은 실험에 의지하고, 샤머니즘은 환상과 직관 그리고 조작에 의지한다. 샤머니즘은 환상과 직관에 조작이 더해진 것이다.

샤머니즘은 인류 문명의 '태반'이다.[7]

---

7 영국의 인류학자 제임스 프레이저는 『황금가지』에서 인류의 지혜, 의식, 정신생활이 세 가지 역사적 단계를 거쳤다고 주장했다. 그것은 바로 샤머니즘, 종교, 과학이다. 처음에 사람들은 하늘에 물을 뿌리면 비가 올 것이라고 생각했다. 이것이 샤머니즘이다. 나중에 그런 행위가 쓸모없다는 것이 밝혀지자 이번에는 신령에게 비를 내려달라고 빌었다. 이것은 종교다. 또 나중에 그것마저 쓸모없다는 것을 알았을 때, 인류는 비로소 과학의 문으로 들어서서 일기예보와 인공강우를 익히게 된다. 따라서 샤머니즘은 '전前종교'이자 '거짓 과학'이라고 프레이저는 판단했다. 이 책에서는 이러한 관점에 동의하지 않는다.

태반은 역할을 마치면 물러나게 되어 있다.

역사의 무대에서 물러난 샤머니즘에는 예술로 변신하는 것 외에 세 가지 길이 더 있었다. 우선 과학으로 변신했다. 그리스가 그랬다. 종교로도 변신했다. 인도가 그랬다. 철학으로 변신한 것은 그리스, 인도, 중국이 다 그랬다.

다만 그리스는 과학에서 철학으로, 인도는 종교에서 철학으로 나아갔고 중국은 다른 길을 걸었다.

이것이 우리 문제다. 그들은 왜 그랬을까?

국경 없는
국가

먼저 인도를 살펴보자.

성스러운 산(히말라야)과 성스러운 강(갠지스)이 있는 인도는 종교 대국이 될 운명이었던 것 같다. 그 나라에는 서양인도, 중국인도, 다른 민족도 전혀 상상조차 할 수 없는 것이 많았기 때문이다.

카스트 제도를 예로 들어보자.

카스트 제도는 인도의 '특산물'이다. 간단히 말해 이 제도는 인간을 네 계급으로, 즉 브라민(사제), 크샤트리아(국왕과 무사), 바이샤(평민), 수드라(노예)로 나눈다. 이 '카스트'라는 말은 산스크리트어로 '바나', 즉 색깔을 의미한다. 아리아인의 피부는 하얗고 정복당한 토착민의 피부는 짙은 색깔이었기 때문이다. 이밖에도 수드라보다 지위가 낮은 '불가촉천민'인 '달리트'(천민)가 있다. 카스트는 타고나는 것이고 변함없이 세습되며 카스트 사이의 구별도 매우 엄격해서 통혼을 허락하 **110**

지 않는다. 이 제도가 가장 엄혹했을 때는 '천민'이 잘못해서 상위 카스트의 눈에 띄기만 해도 스스로 목숨을 끊어 사죄해야 했다.

이것은 전형적인 불평등 제도다.

이 제도에 사상적 무기와 이론적 근거와 정신적 뒷받침을 제공한 것은 바로 브라만교다. 불교와 자이나교와 시크교는 반대 입장이었다. 불佛, 즉 부처는 '깨달은 자'다. 그리고 자이나는 '승리자', 시크는 '배우는 자'다. 그들은 모두 카스트 제도와 브라만교의 '반대자'이기도 했다. 그도 그럴 것이 불성佛性은 언제나 존재하고 중생은 평등하며 모든 사람의 피는 다 붉은데 왜 계급을 나눠야 하는가? 신이 신경 쓰는 것은 인간의 '깨달음'과 '승리'와 '배움'일 뿐 '출신'이 아니다.[8]

자유와 평등의 기치가 마침내 높이 올라갔다.

불교와 자이나교는 공자가 한창 인애仁愛를 설파하던 때에 창립되었다. 그러나 중국의 서진西晉이 동진東晉으로 변했을 때, 개혁을 마친 브라만교(힌두교)가 굽타 왕조의 지지 아래 부흥하여 압도적인 기세로 인도의 제일 종교 자리를 차지했다.

이것은 또 왜 이렇게 된 것일까?

이유는 간단하다. 마우리아 왕조가 무너지고 1000년 동안 인도 반도의 북부는 이민족의 침략에 유린되었다. 이로 인해 강렬한 민족주의 정서가 아리아인의 민족적 일체감을 형성시켰고 여기에는 종교의 111 힘이 필요했다. 그러나 자비로 남을 대하는 불교와, 고행주의를 표방

---

8 불교와 자이나교의 창시자는 모두 왕자였다. 불교의 창시자 석가모니는 정반국淨飯國의 왕자였고 자이나교의 창시자 마하비라는 마가다 지역의 왕자였다. 2000년 뒤 시크교를 창립한 나나크는 비록 왕자가 아니었지만 '크샤트리아'에 속했다. 이는 독립, 자유, 평등이 인류 공동의 가치이자 목표임을 말해준다.

하는 자이나교는 확실히 시의에 맞지 않았다. 그 역사적 사명을 완수할 수 있는 종교는 아리아인의 색채가 농후한 브라만교뿐이었다.

아이덴티티도 마찬가지로 중요하다.

유대인을 또 예로 들어보자.

인도인이 직면한 것이 '고뇌'였다면 유대인이 직면한 것은 바로 '고난'이었다. 그들만큼 자주 재난이 겹치고 가족이 사방으로 흩어지고 나라가 무너진 민족은 없다. 아마도 솔로몬 왕의 옛 성전의 일부라 여겨지는 '통곡의 벽'만이 그들이 얼마나 많은 눈물을 흘렸는지 알 것이다.[9]

사실 유대교가 진정으로 성립된 것은 그들이 집단적으로 수난을 당할 때였다. 기원전 586년, 다시 말해 석가모니가 태어나기 20년 전이자 중국 춘추시대의 초楚나라 공왕共王이 정鄭나라를 토벌한 해에 예루살렘이 신바빌로니아의 국왕 느부갓네살 2세에게 초토화되었다. 그리고 국왕, 귀족, 사제부터 장인에 이르기까지 1만 명에 달하는 유대인늘이 셜박을 당한 채 바빌론으로 끌려갔다. 역사에서는 이 사건을 '바빌론 유수'라고 부른다.

이 때문에 유대인들은 '구세주'가 절실히 필요했고, 또 '일체감'이 간절히 필요했다. '모세 5경'이라 일컬어지는 구약성서의 앞 5편은 그때 그들의 '선지자'가 쓰고 정리해낸 것이다. 기적은 바로 여기에서 생겨났다. 헤아릴 수 없이 많은 약소 민족이 나라가 망하고 사람들이 흩

---

9 통곡의 벽은 '서쪽 벽'이라고도 한다. 예루살렘의 고대 유대국 시절 성전의 일부라고 알려져 있다. 유대교는 이 벽을 첫 성지로 간주한다. 오랜 세월 세계 각지를 떠돌던 유대인들은 성스러운 도시 예루살렘에 올 때마다 바로 이 석벽 앞에서 기도를 올리며 유랑의 고통을 호소했다.

어진 뒤에는 더 이상 하나의 민족으로 존재하지 못했다. 오직 유대인만 앞으로 1800년을 또 떠돌더라도 역시 위대한 민족으로 세계에 우뚝 서 있을 것이다.

이제 우리는 종교가 사람들에게 무엇을 줄 수 있는지 알았다.

첫째는 '안전한 느낌'이다. 신의 도움과 비호가 있기 때문이다. 둘째는 '자유로운 느낌'이다. 진정한 믿음은 마음에서 우러나오는 것일 수밖에 없기 때문이다. 그리고 셋째는 '아이덴티티'다. "나는 불교도입니다"라고 말하는 것은 "나는 타이인입니다"라고 말하는 것과 다를 바 없다. 심지어 훨씬 절실한 느낌이 든다.

종교는 국경 없는 국가다.

그러면 중국인은 왜 종교가 없고 또 종교가 필요치 않았던 걸까?

113

천상과
인간 세상

왜냐하면 중국인은 '천하주의자'였기 때문이다.

'천하주의'란 무엇일까? 바로 '세계주의' 혹은 '사해동포주의'다. 천
하주의자가 보기에 국가는 천하의 한 분자에 불과하며 대가족 안의
소小가정과도 같다. 그래서 진정한 인간은 천하에 속할 뿐 국가에 속
하지 않는다.

이것은 적어도 춘추전국시대 중국인의 관념이었다. 당시의 사인士人
(지식인)들은 모두 세상 구식구석을 누비고 다녔다. 공자, 묵자, 맹자,
순자가 다 그러했다. 하지만 누구에게도 매국노라는 소리를 들은 적
이 없다. 가장 나라를 사랑한 공자도 단지 다른 나라에 있을 때는 조
금 빨리, 조국인 노나라를 떠날 때는 꾸물거리다가 조금 천천히 떠났
을 뿐이다. 그러나 여러 나라를 주유하고 나라나 세력을 바꿔가며 섬
기는 것에는 전혀 문제가 없었다.

이처럼 국가에도 집착하지 않는데 무슨 종교가 필요하겠는가?

사실 그리스도 상당히 독특하다.

그리스인도 '천하주의자'였다. 그들의 폴리스는 본래 식민의 결과였으며 외국계 거주민이 되면 가장 나쁜 것이 참정권 없는 시민권에 만족해야 한다는 것 정도였다. 하지만 그럼에도 '아테네인'이 되지 못할 뿐 '그리스인'이 되는 것에는 전혀 지장이 없었다.

그리스도 '천하'였다.

그러면 그리스인에게는 종교가 있었을까?

있었다. 하지만 적어도 반은 즐기기 위한 것이었다.

그리스와 이집트의 종교는 모두 다신교였다. 다만 이집트의 신은 '반인반수', 그리스의 신은 '반신반인'이었다. 그리스의 신들은 인간의 오욕칠정 및 모든 결함과 약점을 다 가졌다. 권력과 이익의 추구, 질투, 헛소리, 망나니짓, 치정, 음모까지 올림푸스 산 위의 신들은 어느 것 하나 자행하지 않은 것이 없었다. 나중에는 신들의 갖가지 잘못과 악행이 비극과 희극으로 꾸며지고 성대하게 상연되어 사람들의 눈요깃감이 되었다.

그리고 신을 모시는 제전이 열릴 때마다 사람들은 광적인 흥분에 휩싸였다.

그리스인은 종교를 예술로 바꾸었다.

115   이와 동시에 혹은 조금 더 일찍 그들은 샤머니즘을 과학으로, 심지

어 순수 진리에 대한 사유로 바꾸기도 했다. 그들의 과학은 '과학을 위한 과학'이었으며 그들의 사유 또한 '사유를 위한 사유'였다. 그래서 그들은 또 과학에서 철학으로 나아갔다. 사실 철학은 아리스토텔레스에 의해 메타피직스Metaphysics, 즉 '자연학 이후後'라고 불렸으며 이것이 곧 '형이상학'이다.

이런 점은 인도인과는 좀 다르다.

인도인은 먼저 샤머니즘을 종교로 바꾸고 그다음에는 종교를 철학으로 바꿨다. 그래서 인도인의 종교, 특히나 불교는 철학적 색채가 짙으며 반대로 그들의 철학은 종교적 색채가 짙다. 그들의 비폭력주의, 윤회와 인과응보의 관념 그리고 요가도 신비주의의 색채를 띠고 있다.

인도는 마치 영혼불멸의 나라, 인간 세상에 지어진 신전, 영원히 정결한 성스러운 강인 듯하다. 그곳에서 우리는, 유대인의 선지자들과 예수와 무함마드가 직접 신의 계시를 얻은 것처럼 천국에서 들려오는 소리를 들을 수 있다.

유대인과 인도인은 천상에 있고 그리스인과 중국인은 인간 세상에 있다.

줄곧 인간 세상에서만 살아온 중국인은 일부 샤머니즘을 남겨놓기까지 했다. 민간의 틀에 박힌 덕담과 황실에서 중시하던 길조吉兆 등이 다 샤머니즘의 유풍이었다. 물론 문명시대로 들어선 뒤부터 더 이 116

상 샤머니즘은 무대의 중심에 서지 못하고 변해야만 했다. 단지 과학으로도, 종교로도 변하지 않았을 따름이다.

그러면 무엇으로 변했을까?

예악禮樂으로 변했다.

샤머니즘이 예악으로 변했다는 것은 곧 도덕과 심미 혹은 윤리와 예술로 변했음을 뜻한다. 다른 민족들이 종교에 의지해 실현한 기능이 중국에서는 예악에 힘입어 완성되었다. 예禮의 임무는 질서의 유지이며 사람들에게 안전한 느낌을 준다. 악樂의 작용은 보장과 조화로서 사람들에게 자유로운 느낌을 준다. 나아가 중국 민족의 고유한 예악 문명은 그들이 아이덴티티를 실현하도록 돕는다.

그래서 중국인에게는 종교가 없으며 종교가 필요하지도 않다.

사실 샤머니즘에서 예악에 이르는 과정은 중국에서 부락이 국가에 이르는 과정처럼 자연스러웠다. 다만 시간이 훨씬 늦었을 뿐이다. 정확히 말하면 그때는 주나라인의 지혜가 구현된 시점이다. 따라서 우리는 아직 예악에 관해 논의할 수 없다. 아울러 역사의 무대에는 아직 퇴장하지 않은 배우들이 있어 그들의 향방을 살펴봐야 한다.

토템도 그들 중 하나다.

국가가 탄생하면 토템은 바로 역사의 무대에서 내려왔다.
이집트인은 그것을 신으로, 로마인은 그것을 법으로 바꿨다.
중국인은 조상으로 바꿨다.

신이 지켜주는
국가

많은 민족이 씨족시대에는 샤머니즘을, 부락시대에는 토템을 가졌다.

이집트를 예로 들어보자.

중국, 인도, 메소포타미아와 달리 이집트는 '두 강 사이의 땅'이 아니었다. 오직 어머니의 강, 나일 강이 있었을 뿐이다. 상고시대에 나일 강은 마치 구슬꿰미처럼 남쪽부터 북쪽까지 크고 작은 구슬 모양의 주거지 수십 군데를 연결했다. 그 주거지들은 당시 이집트어로는 '세페트spt', 그리스어로는 '노모스nomos'라 불렸다. 그것들은 본래 부락으로서 나중에 국가로 바뀌었다. 고대 이집트 문명은 바로 여기에서 탄생했다.

국가로 바뀐 '세페트' 혹은 '노모스'는 처음에는 부락국가이자 도시국가였다. 그들 각자에게는 수호신이 있었으며 그중 적지 않은 숫자는 매, 뱀, 늑대, 수소, 사자, 악어, 따오기 같은 동물이었다. 엘레판 **120**

티네의 신 크눔처럼 양 머리에 인간의 몸을 가진 '반인반수'도 있었다. 이집트에도 중국처럼 '양 인간'이 있었던 것이다.

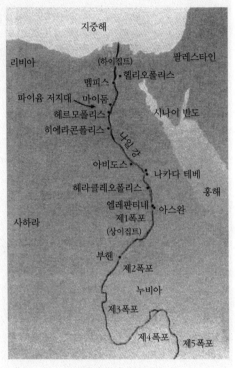

지중해

리비아

(하이집트)
팔레스타인

멤피스 · 헬리오폴리스

파이윰 저지대 · 마이둠
헤르모폴리스 ·
히에라콘폴리스 ·
시나이 반도

나일 강

아비도스 ·
나카다 테베

헤라클레오폴리스 ·
홍해

엘레판티네 · 아스완
제1폭포
(상이집트)

사하라

부헨 ·
제2폭포

누비아
제3폭포

제4폭포 제5폭포

고대 나일 강 유역 지도

엘레판티네의 신 크눔

그들의 '복희 시대'나 '염제 시대'에도 역시 온갖 '귀신'이 난무했다. 그 매鷹신, 뱀신, 악어신, 따오기신 등은 처음에는 모두 토템이었고 심지어 생식 숭배의 상징이기도 했다. 문명시대로 들어서자마자 그것들은 국가의 보호신으로 변했다.

그것은 중대한 변화였다.

변화는 필연적이면서 필수적이었다. 인류가 토템을 발명한 목적은 첫째, 모계를 부계로 바꾸기 위해서였으며 둘째, 씨족을 부락으로 바꾸기 위해서였다. 그래서 국가가 탄생하면 토템은 바로 역사의 무대에서 내려왔다. 샤머니즘이 과학이나 종교나 예악으로 변해야 했던 것처럼.

문제는 다만 토템이 무엇으로 변했느냐에 있다.

이집트인의 선택은 신으로 변하는 것이었고 그것은 당연히 가장 순조로웠다. 왜냐하면 토템은 본래 신비로운 색채를 띠고 있어서 종족의 늙은 여자까지 신기하게 잉태시킬 만한 힘이 있다고 여겨졌기 때문이다. 본래 토템은 신에 버금가는 지위와 사람들의 숭배를 누렸다. 예를 들어 토템 동물의 고기를 먹어서는 안 되었고 난폭하고 외설적이며 짓궂은 태도로 그 동물들을 대하는 것도 금지였다. 또 사후에는 성대한 장례식까지 치러주었다.

그랬으니 토템이 신으로 변하는 것이 어떻게 수월하지 않았겠는가?

특히나 그것은 군주국에 더 맞아떨어지고 효과도 좋았다. 왜냐하면 군주제에서는 "주권이 군주에게 있고 군권은 신이 내리기" 때문이다. 그래서 유럽의 몇몇 국왕은 대관식을 치를 때, 반드시 교황이 와서 왕관을 씌워주기를 바랐다. 하지만 국왕이 '신의 아들'이면 그렇게 신의 대리자를 통해 권력을 부여받는 절차도 밟을 필요가 없다.

다시 말하지만 그것은 전혀 어렵지 않았다. 부락이 국가로, 토템이 신으로 변하는 과정은, 민중에게는 씨족민이 국민으로, 씨족의 깃발이 국가의 깃발로 변하는 것에 불과했다. 또 군주에게는 족장이 추장을 거쳐 국왕으로 변하는 것에 불과했다. 토템은 본래 부락의 조상이었다. 그리고 추장은 당연히 '토템의 아들'이었다. 따라서 내친김에 토템을 신으로 바꾸기만 하면 그만이었다. 이집트의 신이 동물에서 반인반수로 변하고 이어서 마침내 인간의 모습으로 변한 이치가 여기에 있다.

그런 '신의 힘'에 의지했기 때문인지 이집트는 부락국가에서 통일 왕조를 이루기까지 겨우 수백 년밖에 안 걸렸다. 기원전 3100년, 세계의 대다수 민족이 아직 깨어나지 못했을 때 나르메르는 상, 하 이집트를 합병하고 '제1왕조'를 세웠다. 중국과 비교하면 시간적으로도 훨씬 일렀으며 발전 속도도 월등히 빨랐다. 중국에서는 그 뒤 적어도 1000년 뒤에야 전설 속 하나라가 출현한 데다 그것은 겨우 이집트의 '노모스 국가'에 해당되었다. 진시황이 천하를 통일한 때는 무려 2800여 년 뒤였다. 그때 이집트는 벌써 페르시아와 마케도니아에 차

례로 정복당해 해가 기울고 황혼의 기운만 감돌던 터였다.[1]

어떻게 된 일일까? 이 '신이 지켜주는 국가'가 무슨 이유로 멸망한 것일까?

---

1 차례로 이집트를 정복한 인물은 페르시아 왕 캄비세스와 마케도니아 왕 알렉산더였다.

성패의
열쇠

그 이유는 이집트의 신이 토템에서 변한 것이기 때문이었다.

토템은 '국가 신'이 될 수 없을까? 될 수 없다. 토템은 씨족민과 어떤 관계일까? 혈연관계다. 그러면 국가와 국민은 또 어떤 관계일까? 공공관계다. 부락은 씨족으로 이뤄지며 씨족은 혈연으로 조직된다. 부락과 국가의 차이는, 부락의 성원들이 각자 자신을 동일한 토템의 후손이라고 믿는 것과 달리 국가는 지역에 따라 거주민을 나누고 권력을 이용해 사무를 처리한다는 데 있다. 따라서 원칙적으로, 부락을 국가로 바꾸려면 동시에 토템을 변혁해야 했다. 우선 모든 부락의 토템들을 말끔히 청산한 뒤, 그중 일부를 개조해 쓰거나 아예 새로운 수호신을 만들어내야 했다. 전자의 예는 중국의 용이며 후자의 예는 아테네의 아테나 여신이다.

애석하게도 이집트는 그렇게 하지 못했다.

125

이집트인이 택한 방법은 토템들을 전부 신으로 바꾸는 것이었다. 마치 그들이 부락을 전부 국가로 바꾼 것처럼. 그래서 숫자가 얼마가 되었든 부락은 고스란히 노모스가, 토템은 고스란히 신이 되었다. 만약 어떤 노모스가 부락연맹이면 여러 신을 보유하고 있는 셈이었다. 더구나 나중에 창조된 신들까지 포함하면, 고대 이집트에는 신의 수효가 무려 2000을 넘어섰다고 한다.

설마 그랬을까? 수십 개의 노모스에 어떻게 그토록 많은 신이 있었을까?

두 가지 원인이 있다. 먼저, 그들에게는 본래 신이 많았다. 거의 모든 촌락마다 하나씩 존재했다. 그다음, 고대 이집트인은 종교에 대해 대단히 개방적이고 너그러웠다. 다른 노모스의 신들도 차별 없이 대했을 뿐만 아니라 외국의 신들까지 거리낌 없이 받아들였다.

그러면 그 많은 신 가운데 누가 우두머리였을까?

주신主神이었다.

주신도 두 종류가 있었다. 지방의 주신과 전국적인 주신으로 나뉘었다. 그러면 누가 전국적인 주신이었을까? 가장 강한 노모스의 신이 바로 주신이었다. 예를 들어 호루스는 본래 디니스의 수호신이었다. 디니스의 국왕 나르메르가 천하를 통일한 뒤, 호루스는 상, 하 이집트 공동의 주신이 되었다. 이때 모든 사람이 호루스를 받아들이도록 호루스의 매 머리 위에 태양을 덧붙였다. 태양신은 고대 이집트인 모두가 숭배했기 때문이다. 그러다가 나중에 테베가 최강자로 떠오르자 테베의 수호신 아몬이 주신이 되었다. 아몬은 일찍이 거위, 뱀, 양 등 여러 형상으로 묘사되었다. 그러나 마지막에는 역시 정수리 위에 붉은 태양이 추가되었다.

룩소르의 카르나크 신전에 그려진 아몬의 형상.
수양 머리 위에 태양 원반이 얹혀 있다.

　다시 말해 어떤 노모스든 자신들의 신이 이집트 전체의 태양신이 되기만 하면 천하를 호령할 수 있었다.
　그러나 강자는 때가 되면 교체되기 마련이다. 그래서 고대 이집트에는 수많은 주신이 존재했다. 심지어 태양신도 라, 호루스, 아몬, 아톤 등 꽤 여럿이었다.
　이것은 여러 실력자가 교대로 제위에 오르는 것이나 다름없으니 혼란이 일어나지 않을 수 없다.
　더구나 누가 파라오가 되든 예외 없이 "군권은 신이 내린다"는 원칙을 명심한 채 신전과 사제의 비위를 맞추고 결탁해야 했다. 만약 신전과 사제의 힘이 강하면 파라오는 신의 아들에서 신의 노예로 전락할 수도 있었다. 예를 들어 18왕조의 한 여왕이 자기 아들(동시에 그녀와 사촌관계이기도 했다)과 권력투쟁을 벌였는데 나중에 그 아들을 제위에 앉힌 인물은 바로 사제였다.[2] 확실히 이집트 왕조 후기의 사제에게는 중국 후한後漢의 외척, 당나라 후기의 환관처럼 황제를 폐위시키거나, 적어도 황제를 허수아비로 만들 만한 힘이 있었다. 그래서 결국에는 아몬 신전의 한 사제가 파라오의 자리를 찬탈했고 이때부터 이집트는 '후왕국 시대'로 들어섰다.[3]

말하고 보니 그것은 파라오들의 자업자득이 아니었나 싶다. 신전과 사제는 본래 그들이 만들고 키워낸 것인데 어느새 그렇게 위협적인 세력이 돼버렸다. 하지만 그들은 어떻든 신전과 사제에 의지하지 않을 수 없었다. 그들 통치의 합리성과 정권의 합법성은 모두 신에게서, 즉 토템이 변해서 된 신에게서 비롯되기 때문이었다.

신권神權 정치는 필연적으로 화를 부른다. 고대 이집트 정치의 성패는 전적으로 토템이 신으로 변한 것에서 결정되었다.

그러면 토템은 다른 것으로 변하기도 했을까?

그렇다. 로마의 예를 살펴보자.

2 18왕조의 이 여왕은 이름이 하트셉수트였고 투트모세 1세의 딸이었다. 그녀는 자기 부친의 이복형제 투트모세 2세와 결혼해 투트모세 3세를 낳았다. 그러므로 투트모세 3세는 그녀의 아들이면서 사촌형제였다. 이처럼 혼란한 근친혼은 고대 이집트 왕족들 사이에서는 매우 보편적이었다.
3 파라오의 자리를 찬탈한 사제의 이름은 헤리호르였고 그 사건이 발생한 연대는 기원전 1085년이다.

법치국가
로마

로마인의 변화가 가장 불가사의하다. 그들은 토템을 법으로 바꿨다.

아니, 어쩌면 그것은 이상한 일이 아닐지도 모른다. 로마는 그 자체로 기적이었기 때문이다.

처음 세계사의 무대에 등장했을 때 확실히 로마는 별로 눈에 띄지 않았다. 기원전 753년 로마가 성을 짓기 시작한 시점에 이집트인은 벌써 피라미드를 지었고 페르시아인은 조로아스터교를 만든 뒤였다. 그리고 인도에서는 『베다』가 완성되었으며 중국은 동주 시대에 들어섰다. 그리스도 이미 여섯 번째 올림피아 제전을 개최했다. 그러면 이때 로마는 무엇이었을까?

손바닥만 한 소국이었다.

로마는 무척 작고 약해서 오히려 수많은 재난을 면했다. 누구도 그들을 안중에 두지 않았기 때문이다. 그러나 곧 그들은 세계를 깜짝 놀라게 만들었다. 이탈리아를 평정하고 스페인을 점령했으며 아라비아를 정복했다. 그 밖에도 수많은 고대 문명국가를 수중에 넣었다. 마케도니아, 시리아, 그리스, 이집트가 모두 로마의 행정구역이 되었고 카르타고는 '아프리카'로 이름까지 바뀌었다.[4]

이때부터 로마는 '세계의 정복자'라는 별칭을 얻었다.

그런데 로마인들이 지중해를 자신들의 영토 안의 호수로 만들었다 하더라도, 만약 그것에 그쳤다면 그들은 기껏해야 용맹스러운 기병이나 살인을 밥 먹듯이 하는 사내들일 뿐이었을 것이다. 하지만 로마가 세계에 끼친 공헌은 무력이 아니라 문화에 있었다. 적어도 서양인들에게 로마는 국가이고 역사일 뿐만 아니라 일종의 문화이자 정신이다.

그러면 로마가 세계에 남긴 가장 귀중한 유산은 무엇일까?

기독교와 로마법이다.

이 두 가지야말로 로마의 세계 정복의 비결이자 원인일 것이다. 돌아보면 안토니우스와 이집트의 여왕 클레오파트라가 전쟁에서 패하여 자살하고 옥타비아누스가 '아우구스투스'라고 불림으로써 500년 동안 계속된 로마 공화국은 막을 내렸다. 그 뒤 로마 제국의 역사는 중국의 양한兩漢과 나란히 전개되었다. 처음에는 융성하고 나중에는 분열되었으며 결국 멸망했다. 서로마 제국은 중국의 남북조시대에, 동로마 제국은 명나라 경태景泰 연간에 멸망했다.[5]

로마의 세월은 충분히 길었다.

130

4 카르타고는 북아프리카 북쪽 해안(지금의 튀니스)에 있어서 바다를 사이에 두고 로마와 마주보는 위치였다. 대략 기원전 8세기에서 기원전 6세기에 카르타고는 아프리카 내륙으로 진출하는 동시에 서지중해의 패권을 장악, 그리스와 함께 각기 지중해의 서쪽과 동쪽을 통제했다. 최후에는 제3차 포에니 전쟁에서 로마에 패하여 기원전 146년 멸망했다. 로마인들은 카르타고를 파괴한 후 기원전 122년 그 폐허 위에 새로운 식민도시를 건설했다. 그리고 기원전 21년에는 카르타고를 아프리카 주의 일부로 지정했다.
5 서로마 제국은 서기 476년, 동로마 제국은 1453년에 멸망했다.

그렇게 긴 세월과 그토록 큰 영토를 로마인들은 무엇에 의존해 유지했을까?

바로 계약이었다.

'그리스인의 훌륭한 학생'으로서 로마인은 그리스인이 수립한 계약의 정신을 유감없이 발휘했다. 기독교와 로마법은 모두 그것이 집중적으로 표현된 결과였다. 기독교는 곧 '신과의 계약'이었다. 계약은 두 번에 걸쳐 체결되었는데 첫째 계약은 '구약', 둘째 계약은 '신약'이었다. 그리고 로마법은 '사람들을 위한 입법'이었다. 입법에도 두 종류가 있어서 하나는 '공법公法', 다른 하나는 '사법私法'이었다. 공법은 국가의 사무를 처리하는 것이고 사법은 국민의 관계를 처리하는 것이다. 공법과 사법이 있어야 국가와 국민은 각기 자기 위치와 직분을 알고 혼란에 빠지지 않는다. 특히나 국민은 안전과 자유의 느낌을 갖게 된다. 그들이 안전을 원할 때는 법이 보호해주고 자유를 원할 때는 공사公私가 분명히 구분되기 때문이다.

국가의 기능은 로마법에 의해 성공적으로 구현되었다. 따라서 로마는 국가로서 당연히 성공 가도를 달렸다.

공과 사의 경계를 명확히 정하고 공적 권력과 사적 권리를 합리적으로 해명한 법전을 『로마법대전』이라고 하며 이 법전은 동로마 제국이 완성했다. 당시 중국은 남쪽에 양梁이, 북쪽에는 북위北魏가 있었으며 유럽은 연일 봉화가 솟구치는 전란의 시대였다. 우리는 실로 감탄

하지 않을 수 없다. 로마인들은 나면서부터 법에 대한 흥미와 법률적 두뇌가 있었던 것 같다. 그래서 뜻밖에도 그런 방법으로 방대하고 복잡한 국가를 관리했으며 영토가 반 토막이 나고도 지치지 않고 법을 집대성했다.

로마의 비밀은 아마도 법치에 있을 것이다.[6]

물론 법은 유일한 것이 아니며 심지어 가장 중요한 것도 아니었다. 로마군단의 말발굽이 없었다면 그 어떤 것도 이야기할 가치가 없을 것이다. 로마는 사실 프랑스의 화가 장 레옹 제롬이 공화정을 묘사한 그림과 비슷했다. 그 그림 속의 튼튼해 보이는 여신은 왼손에 올리브 나뭇가지를, 오른손에는 칼을 들고 있으며 그녀의 뒤에는 언제라도 포효할 것 같은 사자가 도사리고 있다.

그런데 로마법은 토템과 또 무슨 관계가 있을까?

---

6 독일의 법학자 예링은 로마인들이 세계를 세 번 정복했다고 말했다. 첫째는 무력, 둘째는 종교, 셋째는 법률로 정복했으며 그중에서 법률을 통한 정복이 제일 항구적이라고 했다.

토템 아닌
토템

로마법과 토템의 관계는 '아이덴티티'와 관련이 있다.

확실히 토템 제도의 본래 취지는 "모계를 부계로 바꾸고 씨족을 부락으로 바꾸는 것"이었다. 그런데 세상에 나타난 뒤, 뜻밖에 예기치 않은 기능이 생겼다. 그 기능은 바로 종족의 아이덴티티를 결정하는 것이었다. 매 토템의 부락민들은 하나같이 자신을 '매의 후손'이라고 말했으며 용 토템의 부락민들도 자신을 '용의 후손'이라고 말했다. "매는 매, 용은 용"인 것은 '구별'이었으며 "너도 매, 나도 매"인 것은 '동일시'였다. 이것은 오늘날 "나는 영국인, 너는 프랑스인"이라고 하는 것이나 "우리 중국인은 모두 염황炎黄의 자손이다"라고 하는 것과 전혀 다를 게 없었다.

부락이 국가로 변할 수 있었던 데에는 여러 요인이 있지만 결코 토템의 공을 무시할 수는 없다.

그런데 토템이 신으로 변한 것은 이해하기 쉽지만 법으로 변했다는 것은 이해가 잘 안 간다. 토템은 신비롭고 구체적인 것인 반면, 법은 이성적이고 추상적인 것이기 때문이다. 토템은 과연 어떻게 법으로 변한 것일까?

그 비밀은 인간에게 있다.

마르크스는, 세상에 올 때 인간은 거울을 갖고 오지 않는다고 명확히 말했다. 그러면 인간은 어떻게 자기가 인간인 것을 알까? 타인을 통해 알 수밖에 없다. 예를 들어 폴이 인간이라고 해보자. 피터는 자기가 폴과 같다는 사실을 발견함으로써 자기가 인간임을 알게 된다. 그러나 이 방법은 신뢰하기 힘들다. 피터가 폴에 의존해 자기가 인간임을 증명했다면 폴은 또 누구에게 의존해야 하는가? 폴에게 의존해야 하나? 그러면 '상호 논증'이 돼버린다. 그래서 폴은 어쩔 수 없이 조지에게 의존하고, 조지는 마리에게 의존하고, 마리는 피터에게 의존하고, 피터는 폴에게 의존한다. 이것은 또 '순환 논증'이다. 더구나 그중 하나가 혹시 "인간이 아니면", 줄줄이 이어진 증거들 전체가 단절되어 모두가 인간이 아니게 된다.

인간이라는 확증을 어떻게 얻을 수 있을까?

초인에게 의존할 수밖에 없다.

그렇다. 바로 초인이다. 그는 인간이어야 한다. 그렇지 않으면 인간이 인간임을 증명할 수 없다. 그러면서도 보통 사람을 초월해야 한다. **134**

그렇지 않으면 모든 인간을 증명할 수 없다. 토템은 정확히 이 기준에 부합했다. 그것은 '일족의 선조'이므로 인간이었다. 그것은 동식물이 거나 자연현상(번개나 천둥)이므로 인간이 아니었다. 나아가 그것은 신성하고 신비로운 존재이므로 초인이었다.

그러나 안타깝게도 토템은 한계가 분명했다. 그것은 자기 종족만 인정하고 다른 종족은 인정하지 않았다. 또한 종족 사람들만 인정하고 국민은 인정하지 않았다. 로마는 바로 이 문제에 부딪혔다. 로마의 국민은 다민족이고 다원적 문화를 보유했다. 그것은 정말 처리하기 어려운 문제였다! 특정 민족의 토템만 사용하면 나머지 민족이 인정하지 않고 각 민족의 토템을 다 남겨두면 나라가 분열되기 때문이었다. 하지만 그렇다고 토템을 다 없애기도 힘들었다. 따로 아이덴티티를 확보할 방도가 마땅치 않아서였다.

이때 다행히도 로마인은 법을 생각해냈다.

법이 어떻게 토템을 대신할 수 있었을까? 로마법이 공법과 사법을 포괄했고, 또 사법이 인법人法, 물법物法, 소송법을 포괄했기 때문이다. 인법의 의의는 법의 관점에서 "인간이란 무엇인가"를 확정한 것이다. 로마법에서는 '법적 의미의 인간'이 세 가지 조건을 갖는다고 규정했다. 그것은 첫째, '인격의 구비', 둘째, '권리의 향유', 셋째, '의무의 준수'였다. 여기서 가장 중요한 것은 첫째 조건이다. 인격이 없으면 권리 향유는 불가능하고 의무 준수도 아예 이야기할 수조차 없기 때문이다.

인격이 법률에서 표현된 것은 바로 '권리', 즉 '신분권'이었다. 신분권에는 자유권, 시민권, 가족권, 이 세 가지가 있었다. 자유권은 기본 인권이며 시민권은 로마 시민의 특권, 가족권은 실질적으로 부권이었다. 어떤 사람에게 만약 가족권이 없으면 그는 '사나이'가 아니었다. 또한 시민권이 없으면 로마인이 아니고 자유권이 없으면 인간이 아니었다.[7]

이것은 아이덴티티의 실현을 가능하게 했다. 한 자유인이 시민권을 부여받기만 하면 로마인이기 때문이었다. 또한 이것은 국가의 통치를 용이하게 만들기도 했다. 신분권만 빼앗으면 누구든 객사를 하거나 인민의 공적이 되기 십상이기 때문이었다.[8]

다만 이 모든 것은 '법적 지위의 확정'을 통해 실현되었고, 따라서 "법으로 나라를 다스리는" 과정에 속했다. 그리고 누가 원래 어느 나라, 어느 민족, 어느 계급에 속했는지는 더 이상 중요하지 않게 되었다. 마치 불문에 귀의하기만 하면 불교도가 되고, 세례를 받기만 하면 기독교도가 되는 것처럼.

종교는 국경 없는 국가다.

법은 토템 아닌 토템이다.

법(로마법)을 창조한 데다 종교(기독교)까지 창조했으니 로마가 어찌 위대하지 않겠는가!

7 로마법이 규정한 신분권 중 가장 중요한 것은 자유권이다. 자유가 없으면 곧 노예다. 이것이 노예와 자유인을 구별했다. 그다음은 시민권으로서 정치 참여, 공직 담당, 선거와 피선거 등의 '공권', 그리고 결혼, 소송, 재산 처분, 유언장 작성 등의 '사권'을 포괄한다. 이것은 로마 시민의 특권으로서 로마인과 비非로마인을 구별했다. 가족권은 실질적으로 부권으로서 부모와 자식을 구별했다.

8 로마법은 또한 자유권, 시민권, 가족권, 이 세 가지 신분권을 동시에 갖춰야만 '완전한 인간'이라고 규정했다. 그렇지 못한 경우에는 인격의 등급을 낮추보았다. 가족권을 잃었을 때 가장 가볍게, 그리고 자유권을 잃었을 때 가장 심하게 등급을 낮췄다. 로마인의 통치 수단은 바로 피정복민들을 서로 다른 법적 지위에 처하게 하는 것이었다. 서기 212년, 로마 황제 카라칼라가 칙령을 반포하여 로마 영토 내의 모든 자유인에게 시민권을 부여한 것은 일종의 회유책이었다.

조상의
유래

로마법은 확실히 탄복할 만하다.

그것은 엄밀한 논리와 명확한 체계로 이뤄져 있다. 공법과 사법에서는 사법이 더 중요하고 인법, 물법, 소송법에서는 인법이 가장 중요하다. 그리고 인격의 구비, 권리의 향유, 의무의 준수에서는 인격이 가장 중요하며 자유권, 시민권, 가족권에서는 자유가 가장 중요하다. 안전, 자유, 아이덴티티가 모두 법적 지위를 통해 실현되는데 어떻게 법이 "토템이 아니면서도 훨씬 토템 같지" 않겠는가?

사실 법은 '초인'이기도 하다. 법은 인간을 위한 것이면서 인간에게 속하므로 "인간이다." 그것은 추상적이고 보편적이며 냉정하고 공평무사하므로 "인간이 아니다." 나아가 법의 존엄성은 신성불가침이며 모든 사람이 그 앞에서는 일률적으로 평등하므로 "초인이다."

137　　법은 이래서 또 "신령이 아니면서도 훨씬 신령 같다."

법으로 토템을 대신한 것은 당연히 "신령으로 토템을 대신하는 것"보다 한 수 위였다.

중국인은 어땠을까? 토템은 중국에서는 또 무엇으로 변했을까?

조상으로 변했다.

조상 숭배는 가장 중국적인 문화 현상이다. 전통사회의 중국인은 삶의 최고 목표가 "조상을 빛내는 것"이었고 최소한의 사회적 의무는 "조상의 혈통을 잇는 것"이었다. 만약 잘못을 저지르거나 참패를 당해 제재를 받으면 "조상을 뵐 낯이 없었다."

그러면 '조상'이란 무엇일까?

조상은 "가장 나이 든 아버지"다. '조祖'의 갑골문자 형태를 보면 귀두를 드러내고 발기한 음경이다. 이것은 '차且'이기도 한데 맨 처음에는 남성 생식 숭배의 상징이었다. 이런 상징물은 세계 어디에나 존재했다. 단지 중국에서는 '조'라고 불렀을 뿐이다. 돌로 만든 것은 석조石祖, 도자기로 만든 것은 도조陶祖라 했다. 이 물건은 나중에 점점 더 크게 만들어져 조각상에서 건축물로 변했다. 사실 인도의 탑과 이집트의 오벨리스크도 같은 경우다.

갑골문의 '조祖'   갑골문의 '차且'

'국國'과 '혹或'이 같은 글자였듯이 조와 차도 같은 글자였던 게 분명하다. 국가는 부락의 변천으로 이뤄졌고 조상 숭배는 남성 생식 숭배에서 유래했다.

씨족이 부락으로 변한 뒤 생식 숭배는 토템 숭배로 변했고, 부락이 국가로 변한 뒤에는 또 토템 숭배가 조상 숭배로 변했다. '조祖'는 변함없이 끝까지 일관되었다. 토템과 조상은 모두 남성이므로 조는 당연히 그 자리를 고수했다. 비록 토템시대에는 뱀, 새, 소, 양, 용 같은 동물로 모습을 바꿔야 했지만 본질은 그대로였다.

확실히 조는 부계 제도와 남권 정치의 상징이었다.

그러나 토템은 남성 생식 숭배의 신성화였고 조상은 토템 숭배의 세속화였다. 그래서 '조'는 형식과 의미 면에서 다 변해야 했다. 씨족 시대에 그것은 생식기였고 부락 시대에는 상징물로 변했으며 국가 시대에 와서는 종묘宗廟와 신주神主로 변했다.

종묘는 조상에게 제사를 올리는 장소이고 신주는 조상의 위패다. 먼저 생긴 것은 틀림없이 신주였으며 처음에는 남성 조상의 기호를 석조나 도조에 새긴 것이었다. 그것은 당연히 씨족의 탄생에 공을 세웠다. 나중에 조상이 점점 많아지고 음경의 모양도 볼품없어지면서

139

석조와 도조는 각기 석패와 목패로 바뀌었지만 여전히 '조'라고 불렸다. 그리고 신주를 모시기 위해 따로 집을 지었으니, 이것이 바로 '조묘祖廟' 혹은 '종묘宗廟'다. 종宗 자 위의 '宀'는 곧 집이고 밑의 '示'는 위패다.

신주와 종묘는 '조'의 새로운 개념이었다. 신주는 토템처럼 중요했고 종묘는 제단처럼 숭고했다. 그래서 씨족이나 가문을 세우려고 하면 무엇보다도 먼저 종묘를 지었다. 또한 종묘를 중심으로 족장이 일족을 거느리고 사는 것을 '적籍'이라고 했다. 조가 서면 적도 서고 조가 있으면 적도 있지만 조가 훼손되면 적은 망했다. 이러한 적은 당연히 '조적祖籍'이라 불렸다.

국가 시대로 들어선 후, 조(조묘나 종묘)는 국가의 상징이 되었다. 종묘를 중심으로 나라의 군주가 백성을 거느리고 사는 것을 '국國'이라 했다. 조가 서면 국도 서고 조가 있으면 국도 있지만 조가 훼손되면 국은 망했다. 이러한 국은 당연히 '조국祖國'이라 불렸다.

중국이 '조상의 나라'였다면 친국도, 신국神國도, 법치국가도 아니었을 것이다.

그렇다면 중국의 체제는 어땠을까?

천하를
집으로 삼다

역시 이집트를 먼저 살펴보자.

이집트는 부락이 국가로 변한 뒤, 신속하게 천하를 통일하고 중앙
집권화를 이뤘다. 더구나 그 통일은 신의 깃발 아래 실현되었다. 지고
무상의 태양신이 상, 하 이집트 공동의 수호신으로 군림하면서 역시
상, 하 이집트 공동의 파라오에 대응했다. 그 이름이 무엇이었는지는
따로 논의해야 한다. 한편 태양신 아래에는 전국적인 '분야별 신'이 존
재했다. 나일 강의 신(오시리스), 장인의 신(프타), 학문의 신(토트) 등이
그 예다. 중앙 정부의 각 부서에 대응하는 그들은 중국의 '육부 상서六
部尙書'와 견줄 수 있었다.

지방에서는 우선 상 이집트와 하 이집트에 각기 수호신이 있고 그
다음에 지역마다 또 수호신이 있어서 지방관에 대응했다. 다시 말해
141 이집트에서는 신들에게도 '행정 등급'이 있었던 것이다. 그들의 등급

은 왕조가 바뀔 때마다 조정되었으며 형상까지 달라졌다.

확실히 고대 이집트의 정치체제는 '신인神人 동형 구조'였다.

중국은 '가국家國 일체 구조'였다. 국가는 확대된 가정이고 가정은 축소된 국가였다. 임금과 신하, 관리와 백성은 각기 부자관계였으며 세상 사람들은 다 형제였다. 아버지로서의 임금과 자식으로서의 신하, 그리고 부모로서의 관리와 병사로서의 자식 등은 그야말로 엄청나게 확대된 한 가정이었다.[9]

문제는 "왜 이랬을까?"다.

이집트와 마찬가지로 부락에서 직접 국가로 변했기 때문이다. 중국은 그리스처럼 씨족의 혈연 조직을 해체한 뒤 지역별로 거주민을 나누고 시민 중심으로 새롭게 국가를 조직하지 않았다. 하지만 중국은 이집트처럼 토템을 신으로 바꾸지 않고 조상으로 바꿨다. 그래서 씨족민이 국민으로 바뀐 뒤에도 계속 "네 세대가 한 집에 살고四世同堂" 조상을 챙겼다.

사실 중국 고대 국가의 긴립과 관리는 줄곧 가문을 바탕으로 이뤄졌다. 서주부터 춘추시대까지는 세 층위의 가문이 있었다. 즉 천자의 왕족, 제후의 공족公族, 대부大夫의 씨족이었다. 이것들은 각기 왕실, 공실公室, 씨실氏室이라고 불리기도 했다. 그러다가 진나라와 한나라 이후에는 황실과 황족만 남았다. 그러나 지방에서는, 특히 광대한 농촌에서는 여전히 곳곳에 사당이 있고 족보가 전승되었으며 누

---

9 지로 뵐롱Giraud Teulon이 『결혼과 가족의 기원』에서 인용한 앨프리드 에스피나Alfred Victor Espinas의 『동물사회론』의 견해를 엥겔스가 『가족, 사적 소유와 국가의 기원』에서 재인용한 것을 참고.

구든 걱정거리 없이 살고 싶다면 역시 고향의 어른들에게 의지해야만 했다.

이것을 가리켜 "천하가 집天下爲家"이라고 하거나 "천하를 집으로 삼는다家天下"고 한다. 혹은 '가국家國 체제'라고 부를 수도 있다.

천하를 집으로 삼은 것은 중국인의 일대 발명이었다. 그것은 어느 서양 학자가 진퇴양난이라고 생각했던 문제를 해결했다. 그 문제는 가정과 종족 집단 중 양자택일이었다. 그의 연구에 따르면 가정은 종족 집단의 천적이다. 보통 가정이 안정적인 곳은 종족 집단이 느슨하게 마련이며 섹스가 자유로우면 개체는 자연히 집단을 이룬다고 했다. 따라서 가정을 개방해 개체에게 더 많은 자유를 주거나, 더 높은 수준의 형식을 발명해 그 속에 가정을 융화시켜야 한다는 것이다.

중국인의 가국 체제는 바로 위에서 말한 '더 높은 수준의 형식'이었다.

그렇다면 이 체제는 가장 훌륭한 것이었을까?

세상에 가장 훌륭한 것이란 없다. 가장 적합한 것이 있을 뿐이다. 전통사회의 중국인들에게 그것은 아마 적합했을 것이다. 서주부터 청나라 말까지 줄곧 존속되었다는 것이 그 증거다. 전통사회가 해체된 후 중국인들이 넋을 잃고 갈팡질팡하면서 도덕이 추락하고 삶의 방향을 잃은 것도 증거다.

역시 "무릇 합리적인 것은 현실적이다"라는 헤겔의 말이 옳은 듯하다. 그 반대도 마찬가지로 옳다. 따라서 어떤 사물이 오랫동안 존재하면 그것은 반드시 나름의 합리성이 있다. 똑같이, 만약 그것이 하루아침에 훼손되면 그것은 반드시 나름의 불합리성이 있다. 더구나 세상에 영원한 것은 존재하지 않는다. 로마 성벽에 새겨진 이 말은 조금도 틀리지 않다.

아무래도 문제는 좋고 나쁜 것에 있지 않고 왜 그랬느냐에 있는 듯하다.

그러면 하·상·주 삼대를 돌아보도록 하자!

상나라 시대 청동검

누구든 선진적 문화를 대표하면 '중국'을 대표했고
고대 문명의 'T'자형 누대 위에서 모델처럼 걸을 수 있었다.
그리고 '천하의 중심'을 자처하며 다른 민족들의 모범이 되고자 했다.

제6장

묵은 제도를 폐지하라

계가 선양을
폐지하다

하나라가 존재하지 않았다고 증명해주는 증거는 없다.

고고학적 증거의 부족으로 하나라의 존재는 줄곧 의문의 대상이었다. 심지어 주나라 사람이 날조해낸 것이 아니냐는 의심까지 샀다. 상나라를 망하게 한 자신들의 합리성과 합법성을 증명하기 위해 그랬다는 것이다. 당연히 일리 있는 말이다. 하지만 문제는, 하나라가 없으면 상나라는 하늘에서 뚝 떨어진 존재가 돼버린다는 것이다. 이게 말이 되는가?[1]

사실 요순부터 상나라까지 살펴보면 중간에 반드시 중요한 전환점과 과도기가 필요하다. 그때를 '하나라'라고 부를지 말지는 중요하지 않다. 하나라 이전을 '요순'이라고 부를지 말지가 중요하지 않은 것처럼.

또한 하나라가 성숙한 하나의 '왕조'였다고 간주하는 것도 지나친

148

---

[1] 패트리샤 버클리 에브리의 『사진과 그림으로 보는 케임브리지 중국사The Cambridge Illustrated History of China』에서는 하나라의 유적과 문헌 기록이 부합된다고 단정할 수 없기 때문에 상나라 이전을 하나라로 확정하기 어렵다고 말한다. 그러나 중국 역사상 그 시기에 거대한 전환이 일어났다는 사실은 의심할 여지가 없다. 이것은 과학적인 견해다.

상상이다. 하나라뿐만 아니라 상나라와 주나라도 그렇지 않았다. 정확히 말하면 하나라는 '부락국가'였고 상나라는 '부락국가연맹'이었으며 주나라는 '반半 독립국가연맹'이었다. 따라서 하·상·주를 '삼대三代'라고 부를 수는 있지만 '삼조三朝'라고 부를 수는 없다. 그들은 모두 통일국가가 아니었고 영토국가도 아니었으며 심지어 완전히 형성된 국가조차 아니었다. 독립적인 주권국가는 전국시대에 가서야 출현했으며, "지역에 따라 국민을 나누고" "권력을 이용해 사무를 처리하는 것"은 진한秦漢이 되어서야, 심지어 진한 이후에야 완전히 실현되었다. 그 지표는 바로 '중앙집권적 군현제郡縣制'였다.

그전까지는 기나긴 성장기였다.

이 오랜 문명의 탄생을 재촉한 산파는 계였다. 하나라 군주는 '후后'라고 불렸기 때문에 '하후계夏后啓'라고도 했다. 하는 국호이고 후는 왕의 직함이며 계는 인명이다. 그중에 후는 원래의 뜻이 '낳는 자'다. 전설에 따르면 계는 선양제禪讓制를 폐지하고 세습제를 창시했다고 한다. 이때부터 요순 시대의 부락연맹은 부락국가로 변했고 중국 민족은 문명시대로 접어들었다.

'계폐선양啓廢禪讓'이라 불리는 이 사건은 중국사 최초의 대혁명이었다.

그런데 사마천은 『사기』에 이 부분을 기술하면서 야합을 한 듯하다.

물론 역사학자로서 사마천은 사실을 중시하지 않을 수 없었다. 그러나 유가의 영향은 그의 온몸을 옥죄는 악몽이었다. 유가 학설에 따르면 요·순·우는 모두 자공子貢이 공자에 대해 평한 것처럼 '온화하고, 선량하고, 공손하고, 검소하고, 양보하는溫良恭儉讓' 인물이었다. '양讓' 즉 양보는 대단히 중요했다. 권력을 넘기는 쪽은 '선양禪讓'을 해야 했고 그것을 받는 쪽은 '겸양謙讓'을 해야 했다. 그래서 순은 요의 뒤를 잇게 되자 먼저 삼년상을 치른 뒤 남하南河라는 곳으로 몸을 피하면서까지 양보를 했다. 누구에게 양보했을까? 요의 아들 단주丹朱였다. 그러나 각 부락의 추장들은 일을 의논할 때도, 재판할 때도, 찬가를 부를 때도 순만 찾고 단주는 거들떠보지도 않았다. 순은 그제야 정식으로 요를 대신해 부락연맹의 CEO가 되었다.

이 절차는 우도 당연히 밟아야 했다. 다만 그는 양성陽城에 몸을 숨겼고 그가 양보해야 하는 사람은 상균商均이었다.

단도직입적으로 말하면 이것들은 전부 헛소리다!

요와 순과 우의 시대에는 선양이 제도화되어 있었던 게 아닐까? 부자상속이 아직 규범화되지 않았던 게 아닐까? 그렇다면 순과 우는 대체 무엇을 근거로 선임자의 아들에게 양보하려 한 걸까? 어쨌든 위의 일들은 새빨간 거짓말이다. 그런 일이 있었더라도 쇼였거나 후대의 유생들이 미화한 것이다.

사실 그건 전혀 불필요한 일이기도 했다. 양보가 꼭 미덕이기만 할까? 부락연맹의 일인자 자리를 맡으면 당연히 좋은 점이 많을 것이다. 최소한 남자의 권력욕은 만족시킬 수 있다. 그렇지 않으면 요와 **150**

순이 말년에 왜 죽기 살기로 자리를 안 놓치려 했겠는가? 그러나 이치를 따져보면, 권력을 넘겨받는다는 것은 결국 무엇보다도 책임과 부담을 뜻한다. 다사다난했던 그 시절에는 더욱 그랬을 것이다. 그렇다면 이제 다시 한번 물어보자. 순과 우의 양보 혹은 겸양은 과연 책임 있는 행동이었을까, 아니면 무책임한 행동이었을까?

남자가 야심이 많은 것은 남자가 성욕이 왕성한 것과 같아서 크게 추어올릴 일도, 반대로 부끄러워할 일도 아니다. 그냥 정상적인 일일 뿐이다. 그러나 일부러 허세를 부리는 것은 위선이다. 안타깝게도 이런 위선은 뿌리가 무척 깊어서 나중에 조조가 위왕魏王이 될 때도, 조비曹丕가 황제가 될 때도 세 번씩 사양을 했다.

이것은 일종의 악습이다.

영원히 중국인의 존경을 받을 사마천도 속됨을 면치 못한 것이다.

옛 노래는
이미 다 불렀다

계는 허세를 부리지 않았다.

조작된 게 거의 분명한 옛 규범에 따라 우도 생전에 후계자를 지정했다. 그가 바로 익益이었다. 우가 사망하자 전례대로 익도 계에게 자리를 양보하고 기산箕山 남쪽으로 물러났다. 그러나 다음 이야기는 전과 같이 흘러가지 않았다. 추장들은 익을 외면하고 떼 지어 계를 지도자로 추대했다. 계도 사양하지 않고 아무 부끄러움 없이 추대에 응했다.

옛 노래는 이미 다 불렀다. 똑같은 장면은 더 이상 연출되지 않았다.

그것은 유가로서는 매우 체면을 구기는 결과이지만 안타깝게도 명백한 사실이다. 더구나 세습제의 합리성을 인정하지 않으면 곤란하다. 그러면 한 무제武帝의 정통성조차 문젯거리가 돼버리지 않겠는가?

이쯤에서 논란을 수습하고 제자리로 돌아가 계속 사태의 원인을 살펴보자.

사마천은 계가 사실은 우수한 인재였다고 말한다. 요의 아들 단주, 순의 아들 상균처럼 무능하지는 않았다는 것이다. 그리고 우를 보좌하는 2인자로서 익이 일한 기간이 짧아서 재능과 공이 충분히 드러나지 않았으며, 그런 이유로 추장들이 우의 아들답게 훌륭한 우두머리라며 계를 옹호했다고 했다.[2]

"우리 임금 우의 아들이다吾君帝禹之子也!"라는 『사기』의 한 구절이 정확히 핵심을 찌른다.

그렇다. 우의 아들이라는 것이 키포인트다.

사실 앞에서 언급한 "계가 우수한 인재였다"느니, "익이 우를 보좌한 기간이 짧았다"느니 하는 것들은 논리가 옹색하기 짝이 없다. 계가 우수했으면 설마 익은 우수하지 않았단 말인가? 우수하지 않았다면 어떻게 우의 눈에 들었겠는가? 익이 우를 보좌한 기간이 짧았다는 것도 말이 안 된다. 그러면 계는 얼마나 오랫동안 우를 보좌했다는 말인가? 단 하루도 한 적이 없다.

결론적으로 말하면 그때는 세습제가 피할 수 없는 추세였고 그 시행의 조건도 무르익을 대로 무르익은 시점이었다. 그래서 익의 자질이 아무리 좋고 공이 컸어도, 또한 계보다 덕과 재능이 아무리 훌륭했어도 소용없었을 것이다.

153

---

2 『사기』「하본기夏本紀」: "우의 아들 계가 현명해 천하가 그에게로 마음을 돌렸다. 우가 세상을 떠나면서 익에게 천하를 물려주었지만 익은 우를 보좌한 기간이 얼마 되지 않아 천하가 잘 다스려지지 않았던 것이다. 그래서 제후들은 모두 익을 떠나 계를 알현하고 '우리 왕, 우 임금의 아드님이십니다'라고 했다禹子啓賢, 天下屬意焉. 及禹崩, 雖授益, 益之佐禹日淺, 天下未治. 故諸侯皆去益而朝啓, 曰: 吾君帝禹之子也."

사실 계가 선양을 폐지하기 전에 이미 각 부락의 추장은 세습이었을 가능성이 크다. 그럴 때 연맹의 우두머리가 '양보'를 해야 했으면 모두가 마음이 불편했을 것이다. 그런데 반대로 선양제가 폐지되었으니 다들 환영했을 것이 분명하다. 벌써 '제후'로 변신한 그들은 당연히 세습제의 성공을 기대하기도 했을 것이다.

한번 일을 시작하면 늦추지 말고 뚝심 있게 밀고 나가야 한다. 계는 흔들리지 않고 개혁을 추진했다.

그 결과는 어땠을까? 그는 '원후元后'가 되었다. 다른 추장들은 '군후群后'라고 불렸다. 물론 그들은 본래부터 후기后夔, 후직后稷, 후예后羿처럼 '후'라고 불렸다. 그러나 명칭은 그대로인 채 성격이 바뀌었다. 과거에는 부락의 추장이었지만 이제는 국가의 원수였다.

물론 이때 국가는 아직 미성숙한 초기 형태여서 '부락국가'라고 불러야 한다. 이런 정치 단위들은 숫자가 무척 많아서 '제하諸夏'라고 불렸다. '제諸'는 많다는 뜻이다. 수많은 국가가 '하夏'라고 불렸지만 결코 하나라의 신하는 아니있다. 그저 동조와 승인을 한 것에 불과했다.

제하의 기초는 '문화적 동일성'이었다.

문화적 동일성이 없는 이들은 '제적諸狄'과 '제강諸羌'으로 불렸다.

또한 불복하는 이들도 있었다.

불복하는 부락의 이름은 '유호有扈'였다. 지금의 산시 성陝西省 후戶 현 **154**

에 위치했으며 본래 계와는 한집안으로서 성이 '사姒'였다. 그들은 계에게 반대하는 입장을 고수했다. 세습에도 반대했는지는 분명하지 않지만 아마도 그랬을 것이다. 어쨌든 그 결과로 그들은 호된 대가를 치러야 했다. 계는 지체 없이 군대를 이끌고 토벌에 나서면서 명하길, 용감하게 선두에 나서는 자는 "조祖 앞에서 상을 주고賞於祖" 전장에서 도망치는 자는 "사社 앞에서 벌하겠다戮於社"고 했다.

이 명령 안에는 문화의 코드가 담겨 있다.

계가 '조祖'와 '사社'라고 한 것은 다 위패를 뜻한다. 조는 조상의 위패로서 '신주神主'라 하고 사는 사신社神의 위패로서 '사주社主'라 한다. 사신은 곧 토지신土地神을 말한다.

고대에는 전쟁을 위해 행군할 때, 만약 원수가 친히 참전했으면 전용 수레에 그 두 위패를 싣고 따라오게 하여 신과 조상의 명의로 상벌을 내렸다. 계의 수레에 조가 있었다는 것은 그들에게 이미 조상 숭배 관념이 있었음을 말해준다. 그것은 언제부터 있었을까? 요순 시대다. 요와 순에게는 토템이 없었기 때문이다. 토템이 없으면 무엇을 숭배했겠는가? 조상밖에 없다.

조상 숭배는 세습제도와 상보관계이면서 표리의 관계다. 그것은 나아가 세습제도의 문화적, 사상적, 여론적 준비다. 왜냐하면 일단 조상의 지위가 확립되기만 하면 지도자의 선거와 선양은 더는 불가능하기 때문이다. 그 이유는 조금만 생각해봐도 알 수 있다. 세상에 "아버

155

지를 뽑고 "조상을 바꿀" 사람이 누가 있겠는가?

이제 우리 이야기는 상나라로 넘어가야 할 것 같다.

누가 중국을
대표하는가

상나라도 낡은 제도의 개혁을 추진했다.

그것은 결코 이상한 일이 아니었다. 제도 개혁은 상나라의 '역사적 사명'이었기 때문이다.

요·순·우 세 인물이 병칭되는 것처럼 하·상·주 세 왕조도 병칭되곤 한다. 요·순·우와 하·상·주의 분계선은 국가의 탄생이다. 요·순·우는 그전의 부락연맹을 대표하고 하·상·주는 그 후의 역사 단계를 대표한다. 그 단계에서 하夏는 시작, 상商은 탐색, 주周는 형성에 해당된다. 서주西周에 진입한 이후에 국가는 국가이지 더 이상 부락이 아니었다. 그러나 서주도 도시국가만 있고 영토국가는 없어서 "중앙집권, 천하통일"을 이야기하기란 어려운 수준이었다. 그래서 하·상·주는 '조대朝代', 즉 왕조 시대가 아니라 그냥 '시대'였다.

시대는 끝나게 마련이고 집권제는 계속되는 추세였다. 춘추시대는

157

준비기였고 전국시대는 실험기였으며 진한은 완성기였다. 그 후의 당, 송, 원, 명, 청은 조정과 안정화와 제고의 시기였다. 더 나중의 아편전쟁, 청일전쟁, 10월 혁명이라는 세 발의 포성으로 인해 이 시대도 끝이 났고 중국은 또 지금까지 걸어왔다.

다양한 시대마다 다양한 문명과 문화가 있었고 하·상·주도 마찬가지였다.

사실 하·상·주는 3개의 단계이자 시대이면서 3가지 문화와 문명이기도 했다. 그것들을 창조한 것은 세 민족, 즉 하족夏族과 상족商族과 주족周族이었다. 물론 그들은 애초에는 민족이 아니라 기껏해야 '부족'이었다. 이 세 부족은 대체로 비슷한 시기에 생겨났을 것이다. 사마천은 하의 시조 우, 상의 시조 설契, 주의 시조 기棄가 모두 요순 연맹의 '내각 구성원'이었다고 말했다. 인류학자 장광즈張光直도 하·상·주 삼대가 잇달아 생기고 세 나라로 병존한 것은 전적으로 가능한 사실이라고 말했다.

미심쩍은 일이다. 병존한 세 나라가 어떻게 '삼내'일 수 있을까?

그 열쇠는 "누가 중국을 대표하는가"에 있다.

'중국'이란 무엇인가? 옛날 사람들이 말했던 '중국'은 우선 정치적 개념이 아니라 문화적 개념으로서 '세계 문화의 중심'이라는 뜻이었다. 이 중심의 지리적 조건은 꼭 중원이어야 했다. 왜냐하면 그곳이 옛날 사람들이 생각한 '천하의 중심'이기 때문이었다. 그곳에 세워진 **158**

도시를 '중국'이라고 불렀다.

물론 이 '중원'이라는 것이 범위가 꽤 커서 '중국'의 위치도 탄력적이었다. 예를 들어 계의 수도인 안읍安邑은 산시山西에 있었고 걸桀의 수도인 뤄양洛陽은 허난河南에 있었다. 또한 상나라 탕湯의 수도인 박亳은 산둥에 있었고 반경이 천도한 은殷도 허난에 있었다. 상나라는 여러 차례 수도를 옮겼기 때문에 '은' 혹은 '은상殷商'이라 부르기도 한다. 주나라는 수도가 두 곳이었다. '종주宗周'(시안)라는 곳은 산시陝西에 있었고 '성주成周'(뤄양)라는 곳은 허난에 있었다. 어쨌든 하·상·주의 수도가 어디에 있든지 그곳은 '천하의 중심', 곧 '중국'이었다.

그런데 그들은 무엇에 힘입어 그런 지위를 획득했을까?

종합적인 국력이 강했기 때문이다.

문화는 언제나 권력을 가까이했다. 누가 권력을 잡으면 사람들은 그를 본받게 마련이다. 확장해서, 어떤 나라가 종합적인 국력이 가장 강하고 문화적 수준도 가장 높다고 하면 그 주변국은 더 말할 나위가 없을 것이다. 더구나 하·상·주는 아예 의식적으로 '문명을 통한 교화'를, 줄여서 '문화'를 널리 전파했다. 이를 위해 그들은 심지어 무력 행사도 아끼지 않았다. 먼저 '무화武化'를 한 다음 '문화文化'를 했던 것이다. 유향劉向의 『설원說苑』 「지무指武」 편을 보면 이와 관련해 "문화로 고쳐지지 않으면 그다음에 벌을 가한다文化不改, 然後加誅"라고 분명히 표현하고 있다. 이를 풀어 말하면 좋은 마음, 좋은 뜻으로 문명 교화를

159

하는데도 한사코 회개하지 않을 때는 칼을 빼들겠다는 뜻이다.

문화는 곧 '평화로운 변혁'이다.

평화로운 변혁 뒤에는 무력이 자리하고 있다. 그래서 상과 주는 전쟁을 감행하곤 했다. 그러나 정복은 해도 없애지는 않았다. 상나라인의 수법은 먼저 해로운 자들을 몰아낸 다음 동화시키는 것이었고 주나라인의 수법은 먼저 안정을 시킨 다음 동화시키는 것이었다. 결국 이른바 '삼대'란 하·상·주가 돌아가며 문화의 주도권을 획득하고 역사 무대에서 주역을 맡은 것을 의미한다.

확실히 '천하의 중심에 있는 나라'라는 것은 어쩌면 '런웨이'와도 같다. 하·상·주는 전부 분장하고 그 런웨이에 올라 워킹을 해야 했다. 중국 문명의 모델로서 주변 민족들에게 모범이 돼야 했던 것이다.

그러나 스타일은 각기 달랐다.

갑골문과
청동기

상나라의 문명은 기이하면서도 화려했다.

기이하고 화려한 상나라의 문명은 청동으로 틀이 주조되고 갑골로 그림이 그려졌다.

로마의 가장 귀중한 유산이 기독교와 로마법이었던 것처럼 상나라의 가장 위대한 발명은 역시 청동기와 갑골문이었다. 특히 갑골문은 현대 한자의 직계 조상이다. 아마도 우리는 이미 갑골문의 독음을 알 길이 없지만 뜻은 알 수 있다. 그것이 표음문자가 아니기 때문이다. 그리고 역시 표음문자가 아닌 까닭에 당시 다양한 사투리를 쓰던 부락과 부락국가들이 신속하게 상나라의 문명을 받아들일 수 있었고, 중국 문명도 3000년 넘게 중단 없이 이어져올 수 있었다.[3]

한자는 확실히 신기한 기호다.

161　　신기한 것도 그리 놀라운 일은 아니다. 왜냐하면 한자는 원래 '신과

---

3 중국 문명이 3700년간 끊이지 않고 이어져온 데에는 은상의 갑골문과 진시황의 문자 통일 정책의 공이 가장 크다. 사실 현대 중국어의 말소리, 특히 '푸퉁화普通話(표준어)'는 상과 주가 아니라 당과 송의 것을 따랐다. 그런데도 우리는 당과 송의 시, 사詞를 감상할 수도 있고, 『시경』과 『좌전』을 보고 이해할 수도 있고, 심지어 상, 주의 복사卜辭와 명문銘文을 해독할 수도 있다. 이것은 전부 한자의 공로다.

소통하는通神' 수단이었기 때문이다. 신과 소통하는 것이 옛날에는 아주 중요한 일에 속했다. 정확히 말하면 소통의 대상은 두 가지, 신과 조상이었으며 그 방식도 두 가지, 점과 제사였다. 점을 칠 때 쓰는 거북이 등갑과 짐승의 뼈에 바로 '갑골문'이 있었다. 제사를 지낼 때 쓰는 청동 예기禮器에는 '종정문鍾鼎文'이 있었다. 나중에 나타난, 돌에 새긴 것은 '석고문石鼓文'이라고 한다. 하지만 갑골문이든 종정문이든 석고문이든, 모두 신령이나 영혼과 소통하는 영험한 수단이었다.

한자가 발명되었을 때 하늘에서 좁쌀 비가 내리고 귀신이 밤새 울었다는데 그럴 만도 했던 것이다.

사실 인류는 만물의 영장으로서 본래 '기호를 창조하는 동물'이다. 다만 중국인이 창조한 이 기호가 자못 특이할 뿐이다. 한자는 실용적이면서도 예술적인 품위와 미학적인 의미가 있다. 갑골문은 소박하고 힘차며 종정문은 씩씩하고 변화무쌍하다. 석고문은 중후하고 호방하다. 그 안에는 힘들고 남루한 초야의 분위기와 천지를 호령하는 영웅의 격정 그리고 갓 태어난 송아지처럼 미숙하고 거친 성격이 깃들어 있다. 상나라부터 주나라까지 줄곧 이렇다.

이것은 일종의 '유년기의 기질'이다.

이 기질은 청동기에도 구현되었는데, 그것은 상나라인의 장기였다. 하나라에도 청동뿐만 아니라 황동까지 있었지만 상나라가 보유한 제련 기술의 수준이 월등히 높았다. 상나라인이 만든 청동기는 확실히 **162**

주변 국가들에게 보여주고 뽐낼 만했다.

무엇을 뽐냈을까?

용맹함과 부유함과 권위였다.

이 임무를 맡은 것은 병기와 예기禮器였다. 병기는 사람을 죽이는 물건이고 예기는 사람을 놀라게 하는 물건이었다. 그래서 그들의 청동제 예기에는 요괴와 귀신과 괴물의 그림이 가득하다. 예를 들어 머리만 있고 몸이 없는 식인 괴수 '도철饕餮', 머리가 하나에 몸이 둘인 뱀 '비유肥遺', 다리가 하나인 '기夔'와 뿔이 두 개 달린 '규虯' 등인데 모두 무섭고 흉측한 모습이다. 하나같이 눈 하나 깜짝 않고 살인하거나 사람을 뼈째로 집어삼킬 듯하다.

이것은 일종의 '흉악한 아름다움'이다.[4]

그렇다. 흉악하다. 그러나 동시에 천진하기도 하다. 선사시대 양사오仰韶 문화의 채도彩陶에서 촉촉한 생명의 기운이 느껴진다고 한다면, 상나라의 청동 예기는 살기등등함과 익살맞은 느낌을 전달한다. 그 안에는 난폭함과 무식함과 촌스러움과 위엄이 있다. 장난기와 익살도 있고 모종의 진실한 치기도 존재한다. 그것은 어쨌든 중국 민족 유년기의 작품이기 때문이다.

다만 그 아이는 고집스럽고 비열한 구석이 있었다.

그것은 어쩔 수 없는 일이었다. 이제껏 역사는 부드럽고 따스한 노
163 래 속에서 진행된 적이 없다. 거꾸로 항상 산더미 같은 시체를 밟으며

---

4 리쩌허우李澤厚의 『미의 역정美的歷程』 참고.

앞으로 나아갔다. 세계적인 미학자 리쩌허우李澤厚의 이런 견해는 조금
도 틀린 점이 없다.

도철饕餮   비유肥遺   기夔

상나라의 문명은 『시경』에서 탕을 묘사한 것처럼 "위풍당당하게 큰
도끼를 잡고 불길처럼 뜨겁게 달아오를有虔秉鉞, 如火烈烈"[5] 수밖에 없는
운명이었다. 나중에 그들이 불바다 속에 몸을 묻은 것도 그리 놀라운
일은 아니다.

5 『시경』「상송商頌·장발長髮」참고.

하늘이 검은 새에게
명하다

상나라의 이런 기질은 중국과는 다소 거리가 있다.

상나라의 통치는 이집트처럼 '신권정치'였다. 중국 역사상 오직 상나라 왕궁에만 이집트의 사제에 해당되는 '무巫'라는 인원이 다수 거주했다. 그 밖의 고급 지식인으로는 '사史' 혹은 '사士'가 있었다. 사史는 인사 담당자였고 무는 귀신과 통했다. 무와 사는 두 가지 문화 체계와 문화 전통, 즉 무관巫官 문화와 사관史官 문화를 구성했다.

상과 주의 차이는 바로 여기에 있다.

주는 사관을 중시했고 상은 무관을 중시했다. 무관의 임무는 신의 뜻을 헤아리고 길흉을 예측하는 것이다. 그 방법은 '귀龜'와 '서筮', 두 가지였고 각기 '점귀占龜'와 '축서祝筮'라고도 했다. 서는 여러해살이 풀인 시초蓍草를 이용해 점을 치는 것이며, 귀는 먼저 동물 뼈나 거북 등갑에 구멍을 뚫고 불 속에 넣어 그을리면 생기는 갈라진 무늬에 따라

신의 뜻을 해석하는 것이다. 이런 해석들은 모두 동물 뼈나 거북 등 갑에 새겨졌기 때문에 '갑골문'이라고 한다.

그러나 이집트와는 달리 상나라 왕은 무관을 위해 따로 신묘神廟를 지어주지는 않았다. 신묘는 곧 그의 왕궁이었고 그 자신은 위대한 '신과의 소통자'였다. 그리고 표식과 상징은 청동으로 만든 예기였다. 예기는 왕의 것이지 무관의 것이 아니었다. 그래서 왕궁이 있는 지역은 정치의 중심이면서 제사의 중심이었다.

이것은 왕권과 신권이 통일되었음을 보여준다. 마찬가지로 상나라인들에게는 조상 숭배와 귀신 숭배도 통일되어 있었다. 하늘에서 신과 가장 잘 소통하는 것은 상왕商王의 조상이고, 땅에서 조상과 가장 잘 소통하는 것은 상왕 자신이기 때문이었다. 그래서 제사장이 아니라 상왕 혹은 '시왕時王'(재임 중인 상왕)이 신과 자연스러운 결합을 가졌다.

시왕과 죽은 선왕先王과 신 사이의 결합은 천부적인 것이었다. 왜냐하면 "하늘이 검은 새에게 명해 내려가서 상商을 낳게 했기天命玄鳥, 降而生商" 때문이다. 이것은 상족의 찬송시 「검은 새玄鳥」의 첫 구절로서 오래된 신화를 언급하고 있다. 상족의 여성 시조 '간적簡狄'이 검은 새의 알을 먹은 뒤, 상족의 남성 시조 '설契'을 임신해 낳았다는 이야기다. 이것은 당연히 '하늘의 뜻'이면서 '신권'을 의미한다. 그래서 천명과, 왕권의 신수神授도 통일되었다. **166**

그러면 그 신비로운 검은 새는 또 무엇이었을까?

제비였다.

그렇다. 제비였다. 궈모뤄郭沫若는 봉황이라고 했지만 틀린 것 같다. 혹시 그렇더라도 역시 제비가 변한 것이다. 제비는 매년 한 번씩 인간 세상에 내려오지만 봉황은 본 사람이 없기 때문이다.

검은 새 또는 제비가 북쪽으로 돌아가는 것은 봄이다. 봄은 짝짓기의 계절이면서 상나라인들이 성의 해방과 자유를 누리는 기간이었다. 이때는 남자 노예만 제외하고 귀족, 평민, 여자 노예는 전부 자유롭게 신묘로 몰려가 신 앞에서 밤새 섹스를 즐길 수 있었다. 당연히 횟수와 사람 수도 무제한이었다.

이상한가? 이상하지 않다. 수많은 민족이 이런 풍습을 보유하고 있었다. 그 목적은, 짧은 시간에 원시시대로 돌아가서 결혼제도의 억압을 해소하고 태곳적 섹스의 자유로움을 되새기는 것이었다. 심지어 고대 로마에서는 국가 명절로 발전하여 '사투르누스 제전'이라고 불렸다.[6] 다만 그 시점은 제비가 없는 동지 무렵이었다.

그것은 섹스의 '부활절'이었다.

상나라인의 '사투르누스 제전'은 섹스의 자유를 부활시켰을 뿐만 아니라 문화의 코드를 드러냈다. 그것은 상족이 과거에 제비를 생식 숭배의 상징으로 삼았음을 알려준다. 나중에 제비는 토템으로 변했고 국가 시대에 와서는 또 이집트에서처럼 신으로 변했다.

167

---

6 엥겔스의 『가족, 사적 소유 및 국가의 기원』 참고.

신으로 변한 제비는 본래 매의 신 호루스처럼 새의 형상을 계속 유지할 수도 있었다. 그것은 복희의 손 위에 있는 태양의 신조神鳥일 수 있었기 때문이다. 제비이면서 동시에 태양의 신이라면 무엇이 불가능하겠는가? 하지만 애석하게도 태양 숭배는 하나라 문화에 속했다. 상나라의 문화는 더 높은 수준이어야 했다. 높은 수준에 이르려면 추상화가 필요했다. 그래서 검은 새는 추상적인 신, '제帝' 혹은 '상제上帝'로 변했다.

하늘나라에 '상제'가 있는 것은 인간 세상에 '하제下帝'가 있기 때문이다. 하제인 상왕은 검은 새의 후손이고 상제의 총아이면서 청동 예기의 주인이었다. 도철, 비유, 기, 규룡은 모두 그를 보호해주었다.

이런 나라가 어째서 그처럼 허무하게 망해버렸을까?

창시자가
왔다

상나라를 역사 무대에서 쫓아낸 것은 주나라였다.

주나라인은 기질이 완전히 달랐다.

후대의 유가가 말한 것처럼 주나라인은 "외양과 내면이 조화를 이뤘을文質彬彬" 것이다. 공자는 "찬란하도다, 그 문화여! 나는 주나라를 따르겠노라"라고 했다. 비교해서 말하면 하나라는 "소박하고 겉치레가 없었으며朴而不文" 상나라는 "방탕하여 본분을 지키지 못했다蕩而不靜."7 바꿔 말해 하나라는 소박했고 상나라는 방탕했으며 주나라는 고상했다. 하나라는 원시적인 시대였기 때문에 화려하려고 해도 화려할 수 없었다. 이데올로기는 더욱 성숙하지 못해서 어리석고 숙명론적이었다.

그렇다면 상나라는? 상나라인은 정말 방탕했을까?

방탕했다. 혹은 고난을 즐겼다.

169

7 『예기』 「표기表記」 참고.

상나라인은 정말 고난을 피하지 않았다. 장형張衡은 『서경부西京賦』에서 "은나라인은 여러 번 천도를 했는데 전에 여덟 번, 후에 다섯 번에 이르렀다殷人屢遷, 前八後五"고 했다. 이 말은 탕왕 이전에 여덟 번, 탕왕 이후 다섯 번 천도를 했다는 뜻이다. 사실 이 민족은 허베이河北의 이수이易水 강 유역이 발원지인 듯하며 나중에 보하이渤海 연안과 산둥반도로 옮겨왔다. 그들은 중원으로 오기까지 옛날의 염제족炎帝族처럼 만리장정을 거쳤다. 다만 염제는 서융西戎이고 그들은 동이東夷였으며, 또한 염제의 토템은 들짐승(소)이고 그들의 토템은 날짐승(검은 새)이었다. 그렇더라도 대담한 사고와 행동력은 거의 같았다.

그들은 상상력과 창조력과 개척정신, 심지어 반역정신까지 풍부한 민족이었다. 거의 모든 가능성을 한번씩 시험해보고서 결국 스스로 반은 '중국'과 닮고 반은 '외국'과 닮게 되었다. 예를 들어 신권정치는 이집트와 닮았고 등급 관념은 인도와 닮았으며 법전의 제정은 바빌로니아와 닮았다. 또한 상품경제는 페니키아와, 노예제도는 로마와 닮았다. 점을 친 기록에 따르면 그들은 로마인처럼 격투를 보고 즐겼을 가능성까지 있다. 상왕과 귀족들은, 노예로 전락한 전쟁포로들이 서로 죽고 죽이는 광경을 감상했다.[8]

상나라의 600년 역사에는 고대 세계사가 농축되어 있다.

그런데 가장 '중국과 안 닮은 것'은 역시 그들의 상공업 경제다. 상나라는 공예 수준이 매우 높았고 수공업도 상당히 발달했다. 말고삐 **170**

---

8 은상의 복사에는 "卜貞, 臣在斗"라는 기록이 있다. 뤼전위呂振羽와 젠보짠翦伯贊은 노예를 이용한 격투경기가 있었을 것이라고 추측했다.

와 울타리까지 전문적으로 제작하는 장인이 따로 있을 정도였다. 이런 상품들은 상왕과 귀족들의 사치 욕구를 충족시키는 것 외에는 시장에서 사고팔렸다. 장사가 아주 잘될 때는 사당까지 장터로 변했다. 또한 더 많은 상품이 대규모 상단에 의해 우마차와 코끼리에 실려 전국 방방곡곡으로 운반되었다. 이런 장관이 펼쳐진 곳은 상고시대에는 상나라가 유일했고, 그래서 훗날 장사하러 다니는 사람을 경멸조로 '상인商人'이라고 부르기에 이르렀다.

만약 주나라인들이 갑자기 나타나지 않았다면 상나라는 로마 제국처럼 발전할 수 있었을까?

뭐라고 말하기 어렵다.

황허 강은 드넓은 평원을 구불구불 흐른다. 중국의 길도 이와 같았다.

그런데 주나라인이 보기에 상나라인은 뭔가 새로운 제도들을 시행하고 있었다. 그중 가장 두드러진 것으로 세 가지가 있었다. 첫째는 "재산을 갈라 사는 것析財而居"이었다. 이것은 부모가 살아 있을 때 분가를 하면 토지를 나눠 경작하게 하거나, 심지어 재산을 갈라주는 제도였는데 여자들도 자기 몫의 토지와 재산이 있었다. 둘째는 "직업으로 씨를 삼는 것"이었다. 무슨 일에 종사하느냐에 따라 사람들이 자기 씨를 정하게 했다. 예를 들어 도자기를 만드는 사람은 도씨陶氏, 밧줄을 만드는 사람은 '동아줄 색素' 자를 써서 색씨, 울타리를 짜는 사

171

람은 '울타리 번樊' 자를 써서 번씨였다. 마지막으로 셋째는 "나라를 성으로 삼는 것"이었다. 제후들은 어느 나라에 책봉되느냐에 따라 그 나라 이름을 성으로 삼았다. 상왕도 그들이 자기 가문 사람인지 아닌지 신경 쓰지 않았다. 오직 실력이 강한 자가 최고였다.

누가 봐도 그것은 조상의 가법家法에 대한 배반이면서 국가 체제의 파괴, 중국의 전통에 대한 도전이었다. 생각해보라. 직업으로 씨를 삼아도 '아버지'가 있을 수 있을까? 나라를 성으로 삼아도 '군주'가 있을 수 있을까? 또한 재산을 갈라 살아도 '가족'이 있을 수 있을까? 가족이 없어지면 '나라'도 없어진다. 가족과 나라, 군주와 신하, 아버지와 아들이 다 없어지면 '천하'도 없어진다. 그들이 계속 이런 식으로 나가면 토템을 조상으로 바꾼 것도 헛수고가 될 참이었다.

그것은 술주정, 계집질, 알몸 파티보다, 또한 충신의 고언을 무시하거나 여자가 조정 일에 관여하게 하는 것보다 더 심각한 일이었다. 당연히 그들이 더 이상 허튼 짓을 하게 내버려둘 수 없었다.

뒤이어 나타난 주나라가 중국 문명을 위해 법과 기준을 세워야 했다.

창시자가 왔다.

비행 일지

1. 수수께끼

비행고도에 다다르면 비행기에서는 대부분 구름밖에 보이지 않는다.

한번쯤 세계일주 비행을 하는 것이 꼭 필요했다. 이번 권부터 '중국사'가 국가 시대에 들어섰기 때문이다. 부락에서 국가까지는 역사의 갈림길이다. 이곳에서는 지금까지 길동무였던 세계의 각 민족이 서로 제 갈 길을 찾아가기 시작한다. 앞으로 무슨 일이 펼쳐질지 아는 사람은 없다. 사자의 몸에 사람의 얼굴을 가진 스핑크스가 그 길목에서 차갑게 웃으며 웅크리고 있다는 것을 아는 사람은 더더욱 없다.

그렇다. 스핑크스가 있다.

갈림길에는 보통 강도가 있게 마련이지만 스핑크스는 본래 그런 부 **174**

류와는 달랐다. 돈을 요구하는 대신 목숨을 건 도박을 했다. 그녀는 고대 이집트에서 그리스까지 건너와 요괴로 변했고 뮤즈에게서 배운 수수께끼들을 이용해 지나가는 행인을 괴롭혔다. 누구든 수수께끼의 답을 못 맞히면 한 입에 꿀꺽 집어삼켰다. 테베의 영웅 오이디푸스가 답을 맞히고 나서야 그녀는 사자처럼 포효한 뒤, 까마득한 절벽 아래로 몸을 던졌다.

지금 살펴보면 그리스인들은 지나치게 낙관적이었다. 스핑크스는 사실 죽지 않았다. 갈림길에서 사유의 세계로 건너왔을 뿐이다. 그곳에는 지혜로운 자들이 구름처럼 모여 있으며 무궁무진한 아이디어가 식사로 제공되고 역시 숱한 수수께끼가 제기되곤 한다.

국가 논리는 그중 하나다.

그렇다. 인류는 왜 국가가 필요한 것일까? 왜 민족들은 선사시대를 벗어나 문명으로 들어서기 위해 먼저 국가를 발명해야 했을까? 만약 우연이라고 한다면 왜 조금도 예외가 없는 걸까? 만약 그것이 진보라면 또 왜 수많은 사람이 씨족과 부락의 시대를 그리워하는 걸까?

이런 난제들은 정확히 스핑크스의 구미에 맞는다.

한 가지, 또 한 가지, 유력한 설명 체계들이 잡아먹혔고 학자들은 신중한 태도를 취하지 않을 수 없었다. 역사의 그 중대한 전환점에 관해 서술할 때, 그들은 원칙적으로 묘사만 하지 분석은 하지 않는다. **175** 어떤 국가들이 부락이나 부락연맹에서 변한 것이라고 하거나, 그 변화의 양상은 어떠했으며 심지어 누구를 통해 변한 것이라고 말한다. 하지만 왜 변했는지에 관해서는 연구된 바가 거의 없다. 소수의 연구도 서양에 대한 관찰에 집중되어 있다.

하지만 중국 문명을 빼놓을 수는 없다. 서주부터 춘추시대까지 중국 민족은 가장 독특한 국가제도를 실행했고 진나라와 한나라부터 명나라와 청나라까지는 가장 전형적이면서 안정된 제국을 건립했다. 중국 민족의 경험과 논리를 살피지 않으면 문명의 문 앞에서, 그리고 역사의 갈림길에서 우리는 막막함에 갈팡질팡하지 않을 수 없다.

스핑크스가 여유만만하게 우리를 비웃고 있다.

우리는 어떻게 해야 하는가?

2. 방법

1798년 7월, 나폴레옹은 무적의 원정군을 거느리고 이집트에 도착했다. 기자 언덕의 장엄한 저녁놀 아래에서 그들은 바다처럼 광활하고 밤처럼 고적한 대지와, 말없이 우뚝 솟아 있는 피라미드와 스핑크스를 보았다. 거의 모든 사람이 충격을 받았다. '백마 탄 위대한 시대정신'인 나폴레옹은 장엄하게 소리쳤다.

"병사들이여, 4000년의 역사가 너희를 보고 있다!" **176**

　　바로 그때, 어느 철없는 병사가 경솔하게 총을 쏘았고 그 한 방에 스핑크스의 175센티미터 길이의 코가 날아갔다. 놀라서 그랬는지, 총기 조작 미숙으로 그랬는지는 알 수 없다.

　　어쨌든 스핑크스의 코는 사라졌고 이로 인해 스핑크스의 미소는 더 차갑고 오만해졌다.

　　이 일화는 이집트에서 200년간 널리 전해지며 역사학자들에게 줄곧 의심을 샀다. 어떤 사람은 코뿐만 아니라 왕관, 성스러운 뱀, 긴 수염, 갈기를 스핑크스에게서 앗아간 것은 수천 년에 걸친 햇빛과 비바람의 작용이라고 말했다. 또 어떤 사람은 사임 알 다르라는 수피교도가 우상숭배를 반대한다는 명목으로 스핑크스의 코를 허물어뜨렸다고 했다. 이밖에 이집트 맘루크 왕조의 국왕 휘하에 있던 병사가 사격 연습을 위해 스핑크스의 눈과 코를 과녁으로 삼았다는 견해도 있다.

　　그러나 그 진상이 어떻든 이런 경험들은 내게 큰 쓸모가 없다. 왜냐하면 '중국사'를 쓰면서 나는 '세계 문명 속의 중국 문명'을 깊이 살피고 '중국 문명 속의 공동의 가치'를 찾아, 결국 "중국인은 누구이며 어디에서 왔고 어디로 가느냐" 하는 이 3대 문제에 답해야 하기 때문이다.

　　그러려면 '스핑크스의 수수께끼'와 맞서야 한다. '국가의 논리'를 밝혀야만 '문명의 궤적'을 알고, 또 중국 문명의 코드를 해독할 수 있다.

177

하지만 정면으로 달려들어서는 안 된다. 에둘러 가서도 안 된다. 못 본 척 지나치는 것은 더더욱 안 된다.

유일한 방법은 하늘로 날아오르는 것이다.

따라서 선사시대의 문화를 탐색하는 '얼음을 깨는 항해'를 마치고 나서 '세계일주 비행'을 해야 했다. 전 인류의 '국가의 논리'를, 그 '공동의 논리'를 똑똑히 보기 위해서였다.

'공동의 논리'를 알아야 '공동의 가치'를 찾을 수 있다.

3. 열쇠

하늘을 나는 느낌은 퍽 근사하다.

물론 비행고도에 다다르면 대부분 구름밖에 보이지 않는다. 그러나 구름이라고 다 똑같지는 않다. 다양한 구름 아래로 산이 있고, 강이 있고, 초원이 있고, 숲이 있다. 더구나 일단 구름이 걷히면 우리는 당나라 시인 이하李賀의 시구에 동감할 수 있다. 그는 "아득히 중국 땅을 바라보니 아홉 점 먼지 같고, 드넓은 바닷물은 한 잔 물을 따라낸 것 같네遙望齊州九點煙, 一泓海水杯中瀉"라고 읊었다.

그 '아홉 점 먼지'는 무엇일까?

도시다.

도시는 국가의 상징이자 문명의 이정표다. 도시를 세운 민족은 하나같이 동시에 국가를 세웠고, 또한 국가를 세우면 곧장 문명으로 진입했다. 이것을 경계로 그 이전을 신화와 전설의 시대인 '선사시대'라고 하고 그 이후를 '역사시대'라고 한다.

역사는 바로 문명사다.

도시는 곧 '문명의 지표'다. 오래전에 사라진 수많은 문명은 고고학자들이 도시의 유적을 발견하면서 확인되었다. 크레타도 그랬고, 하라파도 그랬다.

열쇠를 찾았다.

그렇다면 도시의 비밀은 또 어디에 있으며 어떻게 해야 그것을 발견할 수 있을까?

여기서는 중국 민족의 위대한 발명품에 감사해야 한다. 그 위대한 발명품은 바로 상형문자다. 상형문자가 표음문자보다 우월한 점은 가장 원시적인 정보를 보존할 수 있다는 데 있다. 특히 갑골문과 금문이 그렇다. 더욱이 문자 변천에 대한 고찰을 통해 우리는 역사의 궤적까지 추적할 수 있다. 이 '중국사' 시리즈의 첫 권에서부터 여러 고문자를 실마리와 증거로 삼은 이유가 여기에 있다.

갑골문과 금문은 우리에게 국가는 도시를, 도시는 성벽을 뜻했음을 알려준다. 이것은 틀림없이 안전과 안전한 느낌을 위해서였을 것이다. 그러나 현대의 도시에는 성벽이 없는데, 이것은 사람들이 자유와 자유의 느낌도 원한다는 것을 증명한다. 안전하면서도 자유로운 것은 오직 도시만이 실현할 수 있다. 이렇게 도시의 비밀도 풀렸다.

이어지는 문제는 왜 도시가 나타난 뒤, 부락이 국가로 변했느냐는 것이다.

사람이 변했기 때문이다.

씨족과 부락은 '족민族民'으로 이뤄졌고 도시는 '시민'으로 이뤄졌으며 국가는 '국민'으로 이뤄졌다. 족민과 시민 사이에는 어떤 차이가 있을까? 족민은 혈연관계이거나 적어도 '범泛혈연관계'다. 그렇지 않으면 혼인관계를 맺어야 한다. 시민은 그런 관계일 수도 있고 아닐 수도 있지만 본질적으로는 아니다. 그들은 공적인 관계여서 '공민公民'이라고도 한다. 이 말에 해당되는 그리스어의 뜻은 '폴리스의 인간'이다.

'공민'이 있으면 '공공관계'와 '공공업무'가 있게 된다. 이 관계와 업무들을 처리할 때는 씨족과 부락 시대의 풍습이 쓸모없어진다. '공권력'과 '공공규범'에 의존해야 하고, 또 공공규범에 따라 공권력을 행사하는 '공공기관'이 있어야 한다.

이것이 바로 '국가'다.

이제 국가의 비밀이 풀린 걸까?

그렇지 않다. 모든 국민이 다 공민은 아니기 때문이다. 정반대로 인류 문명의 초기에 국민의 절대다수는 '신민臣民'이었다.

4. 발견

이 점은 비행고도에서 내려다보면 분명하게 보인다.

만약 서로 다른 색깔로 여러 국가 체제를 표시한다면, 예를 들어 민주제는 파란색, 공화제는 붉은색, 과두제는 검은색, 군주제는 노란색, 그리고 씨족과 부락은 회색, 불모의 땅은 하얀색이라고 하면, 초기 문명 시대의 세계지도에서 대부분은 회색과 하얀색, 그리고 노란색이었다. 붉은색과 검은색은 아주 적어서 에게 해와 발칸 반도와 히말라야 산록 등의 개별 지역뿐이었다. 민주제를 대표하는 파란색은 거의 점에 불과할뿐더러 그것조차 금세 사라져버렸다.

그 점의 이름은 '아테네'다.

그러나 노란색에 파묻힌 그 조그만 점은 1000년 뒤 되살아나 드넓은 바다로 변했다. 실제로는 독재 체제인 나라들조차 민주주의의 기치를 들지 않을 수 없다. 오늘날의 세계는 이미 온통 짙푸른 코발트색이다.

적어도 겉보기에는 그렇다.

그러면 민주주의는 우연일까, 필연일까?

대답하기 곤란한 문제다. 우연이었다면 나중에 세계적인 조류가 되지는 못했을 것이다. 반대로 필연이었다면 옛날에는 왜 아테네만 유일무이했겠는가?

181

표본을 찾아 비교하고 실마리를 찾는 수밖에 없다.

표본은 미국이다. 인류 최초의 성문헌법을 제정한 이 나라는 민주주의, 공화주의, 입헌주의의 전형이다. 그런데 상인, 기술자, 변호사, 문맹, 탐험가, 금광꾼으로 이뤄졌던 이 나라는 아테네와 놀랄 만큼 비슷했다. 두 나라의 건국은 항해와 식민 그리고 상업까지 거의 쌍둥이처럼 닮았다.

이것은 또 왜 그런 걸까?

항해는 자유를 알게 하고 식민은 독립을 이해시키며 상업은 평등을 배우게 한다. 평등은 전제정치를 용납하지 않고 독립은 상호 이익을 요구하며 자유는 법적인 근거를 필요로 한다. 독립, 자유, 평등의 결과는 반드시 민주주의, 공화주의, 입헌주의이며 또한 '사회계약'과 '권력균형'이다.

이제 아테네부터 필라델피아까지 서양 문명의 비밀이 밝혀지고 핵심 가치도 일목요연해졌다.

그런데 이것이 인류 공동의 가치인가?

5. 조감

대답은 "그렇다"이다.

그 원리는 매우 간단하다. 만약 독립, 자유, 평등이 공동의 가치가 아니라면 민주주의, 공화주의, 입헌주의가 세계적 조류가 될 리 없었을 것이다. 실제로 세계의 각 민족은 공통되게 그것들을 추구했다. 예컨대 중국의 묵가, 도가, 불가는 다 평등을 중시했으며 그들 사이의 차이는 단지 평등을 실현하는 방식에 있었다. 그리고 유가는 평등을 중시하지는 않았지만 대등함을 중시했으며 독립과 자유도 이야기했다. 물론 '상대적 독립'과 '상대적 자유'를 주장한 것에 지나지 않았지만.

이 점은 제6권 『백가쟁명』에서 세세히 이야기할 것이다.

그런데 여기서 또 문제가 제기된다. 독립, 자유, 평등이 공동의 가치라면 민주주의, 공화주의, 입헌주의는 왜 더디게 실현되고 서양조차 먼 길을 돌아와야 했을까?

아무래도 국가에는 비밀이 더 있는 것이 분명하며 그것은 틀림없이 국가 형성의 출발점에 감춰져 있을 것이다.

그것을 찾으려면 이곳저곳을 들쑤시고 다녀서는 안 된다. 스핑크스가 행인들을 불러 세우던 갈림길로 되돌아가 종합적으로 조감해야만 한다. 그 결과는 매우 분명하다. 세계 각 민족의 선사시대의 행로는 거의 일치했다. 모두 씨족에서 부락으로 또 부락에서 국가로 나아갔다. 선사시대의 문화도 일치했다. 모두 샤머니즘과 토템을 보유했다. 그러나 국가와 문명 시대로 들어서면서 각기 제 갈 길을 갔다. 샤머니즘이 인도에서는 종교로, 그리스에서는 과학으로 변했다. 토템은 이집트에서 신으로, 로마에서는 법으로 변했다. 원시문화는 이렇게 완전히 탈바꿈했다.

종교는 '국경 없는 국가'이며 법은 '토템 아닌 토템'이다. 그것들이 공통되게 실현한 것은 '아이덴티티'였다. 모든 국가 체제와 국가 노선은, 세계 각 민족이 서로 다른 역사적 조건에서 안전과 자유와 아이덴티티를 실현하기 위해 행한 서로 다른 선택과 탐색에 불과했다.

이것이 바로 국가의 비밀이며 국가의 논리다.

6. 착륙

다른 민족들의 길을 똑똑히 보았고 중국인이 처한 길도 앞뒤로 똑똑히 살폈다.

중국 문명이 여느 문명들과 다른 점은 샤머니즘이 과학으로도, 종교로도 변하지 않고 윤리와 예술, 즉 예악으로 변한 것이다. 또 토템은 신으로도, 법으로도 변하지 않고 조상으로 변했다. 생식 숭배(여와, 복희)에서 토템 숭배(염제, 황제)로, 이어서 조상 숭배로 변한 것이 곧 중국이 걸어온 길이다.

바꿔 말해, 다른 민족들은 신이나 법, 아니면 관념에 의존해 아이 **184**

덴티티를 확보했지만 오직 중국인만 조상 숭배를 택했다. 하나라의 계가 선양제를 폐지하고 요·순·우가 하·상·주로 변한 원인이 여기에 있다. 진·한부터 명·청까지 군주제가 반석처럼 견고했던 원인도 여기에 있다.

'조상 숭배'가 생겨서 비로소 '가족—국가 체제'가 생겼고, 또 하·상·주로부터 원·명·청에 이르는 3700년의 문명사가 생겨났다. 아울러 '중국'이 무엇을 뜻하는지도 명확히 정리할 수 있다. 이른바 '중국'이란 '당시 선진 문화의 중심'이었고 하·상·주는 그 '세 대표'였다. 그들은 앞서거나 뒤서거나 하며 부단한 탐색을 진행하여 마침내 중국 문명의 기초를 다졌다.

기초는 견고했고 영향도 오래 지속되었다. 오늘날에도 어떤 것이든 그 당시로 기원을 소급해볼 수 있다. 문자기호와 문화심리, 문명의 방식과 핵심 가치가 다 해당된다.

따라서 이집트, 메소포타미아, 하라파, 마야, 페르시아, 비잔티움 제국처럼 파괴되고 끊어지고 쇠망한 문명과 비교해, 그리고 끊임없이 바뀌는 서양 문명과 비교해 중국 문명은 '초안정적'이다. 이런 '초안정성'을 어떻게 평가할지는 개개인의 생각에 따라 다를 것이다. 그러나 더 중요한 것은 어째서 그렇게 되었는지에 관한 원인 규명이다.

그것은 제3권에서 다룰 내용이다.

185 이제 비행이 끝났다. 좌석을 세우고 창문의 가림막을 열기를 바란

다. 테이블을 접고 안전벨트도 잘 매줘야 한다. 곧이어 착륙이다.

　다음 역은 주나라인들의 발상지 '주원周原'이다.

이중톈의 '살아 있는 글쓰기'

『금강경金剛經』에 '법무정법法無定法'이라는 말이 있다. 직역하면 "법에는 정해진 법이 없다"라는, 묘하게 동어반복적인 말이다. 이를 세상일에 대입하면 무슨 일을 하거나 판단할 때 고정된 원칙에 얽매이지 말고 새로운 조건이나 변수에 따라 임기응변해야 한다는 정도로 풀이할 수 있다.

이중톈은 독자나 기자가 '이중톈 중국사'(이하 '중국사')의 글쓰기 방법을 물을 때마다 이 말을 즐겨 사용하곤 한다. 이어지는 인용문들은 최근 그가 홍콩 대학의 강연에서 독자들의 질문에 답한 내용이다.

사실 여러분은 이 '중국사'가 어떤 부분은 시 같고, 어떤 부분은 수필 같고, 어떤 부분은 소설 같고, 어떤 부분은 다큐멘터리 영화 같고, 어떤 부분은 극본 같은 것을 보았을 겁니다. 나도 '법무정법'이어서 매체와 이야기할 때마다 거듭 이야기합니다. '법무정법'이니 다음 권은 어떻게 쓸지 묻지 말라고 말이죠. 나도 모른다는 겁니다.

독자 입장에서는 적잖이 허탈한 고백이다. 독자들의 눈을 현란하게 만드는 그의 다양한 문체와 무궁무진하게 쏟아져 나오는 입담이 치밀한 계획과 계산의 산물이 아니라니! 특히 그의 현란한 필봉에 휘둘려 단숨에 '중국사'를 독파한 사람이라면 배신감마저 느낄 정도다. 하지만 "정해진 법이 없는" 그에게도 사실 '법 아닌 법' 같은 것이 있기는 하다.

진정한 역사는 살아 숨 쉬는 것이어야 한다고 생각합니다. 수술대 위의 사체 샘플이나 박물관의 미라 같아서는 안 되지요. 그것은 우리 한 사람 한 사람과 함께 호흡하고 운명을 같이하는, 우리와 밀접하게 관련된 것이어야 합니다. (…) 내가 쓰는 글은 반드시 살아 있는 것이어야 합니다. 그것은 여러분과 대화를 할 겁니다. 여러분이 이 책에 빠져들기만 한다면.

이중톈은 '중국사'를 살아 있는 역사로 쓰고자 한다. 이것이 그의 유일한 글쓰기 방법이자 목표다. 여기에서 '살아 있는'에 해당되는 중국어의 한자는 '선활鮮活'이다. 신선하고 살아 있다는 뜻이다. 이것은 **188**

무척이나 추상적인 말이다. 그래서 '법 아닌 법'이다. 이중톈 같은 대가가, 그것도 역사 서술에서 문화인류학과 고문자학의 실증적인 방법까지 동원하는 학자가 내세우는 글쓰기 방법치고는 자못 나이브하다. 하지만 여기에는 그만의 개인적인 이유가 있으며 그것은 또 그의 민감한 아킬레스건과 관련이 있다.

내가 가장 싫어하는 일은 꼬리표 붙이기입니다. 나는 이미 중국의 매체에 말한 바 있습니다. 나중에 내 묘비에 이런 말을 쓰고 싶다고요. '꼬리표를 붙일 수 없는 사람'이라고 말이죠. 또 하나 더 부탁드리고 싶은 것이 있는데, 나는 다른 사람과 비교당하는 것도 싫어합니다. 나는 나입니다.

그렇다. 그는 규정당하기를 싫어한다. 단순히 싫어하는 것을 넘어서 끔찍하게 혐오한다. 각종 인터뷰 때마다 쏟아지는, 그만의 역사관과 역사 독법과 역사 기술 방식에 대한 물음에 그는 한결같이 신경질적으로 반응하거나 입을 다문다. 어떤 방식으로든 자신을 규정하고 범주화하려는 모든 시도에 저항하고 거침없이 반응한다. 어떨 때는 반응이 지나쳐서 중국인의 국민성 문제까지 끄집어낸다.

189　　우리는 단순하게 분류하려고 해서는 안 됩니다. 중국인이 가장 좋아하

는 일은 사람을 분류하는 겁니다. 사실 사람은 저마다 다르고 사람을 분류하는 통일된 기준은 존재하지 않는데 말이죠. 우리는 이것 아니면 저것이라는 식의, 단일한 기준으로 사람을 가늠하는 사고방식을 바꿔야 합니다.

이 정도면 범주화에 대한 이중톈의 경계심이 어느 정도인지 알 수 있다. 그는 왜 이렇게까지 민감한 것일까? 혹시 범주화와 관련해 어떤 트라우마라도 있는 것일까? 그것은 알 수 없고 알 필요도 없는 문제다. 나는 다만 그에게 이 '중국사'가 무척 중요한 일이기에, 그래서 '중국사' 36권의 집필을 방해하는 요인은 그것이 무엇이든 말끔하게 제거해야 하기에 그가 이처럼 날카롭게 반발한다고 추측한다.

나는 이 '중국사'를 쓸 때 특별히 개인의 느낌을 강조했습니다. 그러다 보니 많은 사람이 호시탐탐 노리고 있다가 내게 꼬리표를 붙이려들더군요. "당신은 역사수필을 쓰는 건가요?" "당신은 논픽션을 쓰는 건가요?"라고 말이죠.

이제 알 만하다. 이중톈은 지금처럼 그리고 앞으로도 자유롭게 글을 쓰고 싶은 것이다. 기존의 어떤 장르 유형에도 얽매이지 않고, 아니 정확히 말하면 이미 자기 머릿속에 자리 잡은 기성의 어떤 글쓰기 **190**

틀에도 포획되지 않고 결과물이 어떻게 나오든 천마행공天馬行空의 상상력으로 역사를 풀어나가고 싶은 것이다. '중국사' 시리즈 36권이 전부 완결될 때까지.

그렇다면 나야 두 손 들어 환영이다. '중국사' 1권에서는 개구리여신이 돼버린 여와를 보고서 당혹했고, '중국사' 2권에서는 아테네와 필라델피아와 하·상·주를 넘나들며 전개되는 비교역사학의 스케일에 입을 다물지 못했다. 앞으로 '중국사' 3권에서는 또 어떤 기발한 해석과 필법으로 나와, 미지의 독자들을 쥐고 흔들지 자못 기대된다. 아울러 그의 이런 '살아 있는 글쓰기'가 부디 마지막 36권까지 이어져서 국내 독자들을 계속 "정신없이 빠져들게" 할 수 있기를 기원해본다.

2013년 12월 11일 새벽
한국외국어대학교 도서관에서

191

중국 문명과 세계 문명의 비교

표 1-1 인류 진화의 역사

시대	종種
250만 년 전	사람 속屬인 호모하빌리스 출현. 석기가 출현하여 전기 구석기시대 시작.
180만 년 전	호모에렉투스 출현. 150만 년 전, 불을 사용. 70만 년 전, 베이징원인 출현.
51만6000년 전	인류와 네안데르탈인의 조상인 프레안트로푸스 출현.
35만5000년 전	하이델베르크인 출현. 중기 구석기시대 시작.
19만5000년 전	오모Omo 유적이, 호모사피엔스가 하이델베르크인에서 진화되었음을 증명.
16만 년 전	가장 오래된 호모사피엔스인 호모사피엔스이달투Homo sapiens idaltu가 장례 의식을 행하고 하마 사냥을 익힘.
14만 년 전	현생 인류의 어머니라 일컬어지는 미토콘드리아 이브가 동아프리카에서 활동.
7만 년 전	미토콘드리아 하플로그룹 L2 출현. 현대적인 인간 행동이 나타남.
6~9만 년 전	Y염색체 아담이 아프리카에서 활동.
5만 년 전	남아메리카로 이주. 후기 구석기시대 시작. 미토콘드리아 하플로그룹 U, K 출현.
4만 년 전	대양주와 유럽으로 이주.(크로마뇽인)
2만5000년 전	네안데르탈인 멸종.
1만2000년 전	충적세, 중석기시대 시작. 플로렌스인 멸종. 인류가 사람 속 중 유일하게 살아남은 종이 됨.

표 1-2 인류의 탄생부터 문명의 탄생까지

엥겔스는 나무 위에서 생활하던 원숭이를 '나무 타는 원숭이 집단'
이라고 부르면서 원숭이에서 인간 사이의 과도기적 생물을 '형성 중
인 인간'이라고 명명했다. 그리고 도구를 만들 수 있는 인간을 '완전히
형성된 인간'이라고 불렀다.

나무 타는 원숭이 집단	프로플리오피테쿠스	3500~3000만 년 전
	이집토피테쿠스	2800~2600만 년 전
	드리오피테쿠스	2300~1000만 년 전
형성 중인 인간	오스트랄로피테쿠스	440~140만 년 전
완전히 형성된 인간	초기 원인	380~360만 년 전
	후기 원인	180~30만 년 전
	초기 호모사피엔스	30~5만 년 전
	후기 호모사피엔스	5~1만 년 전
문명의 탄생	메소포타미아	1만~8000년 전

표 2 중국, 인도, 메소포타미아 및 그리스의 비교

연대	중국	인도	메소포타미아와 그리스
기원전 38세기 ~ 기원전 22세기	중국사의 전설 시대. 즉 여와, 복희를 비롯한 삼황오제의 시대. 기원전 26세기, 최초의 사관史官 저송沮誦이 등장하고 창힐이 문자를 만들었다고 한다.		기원전 3100년, 상이집트의 통치자 나르메르가 하이집트를 정복, 기본적으로 통일국가를 건립했고 제1왕조가 시작되었다. 기원전 27세기부터는 피라미드가 대규모로 지어지기 시작했으며 스핑크스도 완성되었다. 기원전 3000~기원전 2300년, 에게 해 지역에 크레타 문명 출현.
기원전 24세기 ~ 기원전 20세기	약 기원전 21세기, 우가 치수에 성공. 우의 치수는 권력모델의 기원으로 추정된다. 우가 구리로 병기를 만들었다. 해중奚仲이 수레를 만들었다. 얼리터우二里頭 문화 전개. 감옥이 지어지기 시작했다. 이때 하나라도 건립되었다고 한다.	인더스 문명 시대 (약 기원전 2300~1750년). 인도 최초의 문명이며 중심지는 인더스 강 유역의 하라파와 모헨조다로다. 하라파 문명 이라고도 한다.	약 기원전 2113~기원전 2096년, 고대 메소포타미아 지역 우르의 제3왕조 창립자 우르남무가 세계 최초의 성문법『우르남무법전』을 반포했다. 고대 이집트의 중왕국 시대. 청동기가 널리 사용되었고 카르나크 신전 건축. 에게 해 지역에 미케네 문명 출현.
기원전 19세기 ~ 기원전 15세기	약 기원전 16세기, 탕왕은 하의 걸왕을 죽이고 상 왕조를 세웠다.		기원전 1792~기원전 1750년, 고대 바빌로니아 제6대 국왕 함무라비가 『함무라비법전』 제정. 설형문자가 출현하고 청동기가 널리 사용되었다. 약 기원전 17~기원전 14세기, 소아시아 히타이트의 고왕국 시대.

연대	중국	인도	메소포타미아와 그리스
기원전 14세기 ~ 기원전 12세기	반경盤庚의 은殷으로의 천도. 갑골문을 만들기 시작. 약 기원전 13세기는 상나라 청동기의 전성기였다. 상나라 말의 사모무정司母戊鼎은 현존하는 최대의 청동기다.	고대 인도의 초기 베다시대. 카스트 제도가 싹트기 시작.	티그리스 강과 유프라테스 강 지역 사람들이 고지대에서 강가의 저지대로 이주.
기원전 11세기 ~ 기원전 9세기	기원전 1046년, 주 무왕武王이 상나라를 토벌하고 서주를 세웠다. 서주는 정전제井田制, 분봉제, 종법제를 실행했다. 서주는 봉건국가였으며 주공周公이 예악을 제정했다.		고대 그리스의 호머 시대. 트로이 전쟁 발발. 기원전 10세기 말부터 신아시리아가 두 세기에 걸쳐 정벌을 진행하여 서아시아에서 북아프리카에 이르는 제국을 세움으로써 메소포타미아 남부와 이집트, 이 양대 문명을 통치했다.
기원전 9세기 ~ 기원전 8세기	기원전 841년, 주 여왕勵王의 폭정으로 폭동이 일어나 여왕이 도망쳤다. 이후 소공과 주공이 섭정을 했고 이를 '공화共和'라 칭했다. 중국 역사에서 정확한 연대 표시는 이때부터 시작되었다. 기원전 771년, 신후申侯가 서이西夷, 견융犬戎과 함께 서주를 침공, 주 유왕幽王을 여산驪山에서 죽임으로써 서주가 망했다. 기원전 770년, 주 평왕平王이 동쪽 낙읍洛邑으로 천도하여 동주가 시작되었다. 역사적으로는 춘추시대(기원전 770~기원전 476)에 해당된다.	고대 인도의 후기 베다시대. 아리아인의 국가가 성립되고 브라만교가 전파되었다. 그리고 고대 인도 최초의 철학서이자 브라만교의 경전인 『우파니샤드』가 형성되었다.	고대 서아시아의 신아시리아 제국 시대. 철기가 출현하여 널리 사용되었다. 범그리스주의가 성행했다. 각 지역의 그리스인들이 같은 문화적 집단에 속해 동일한 전통, 언어, 풍습, 종교를 향유했다. 기원전 8세기~기원전 6세기, 고대 로마의 왕정 시대.

연대	중국	인도	메소포타미아와 그리스
기원전 6세기	기원전 551~기원전 479년, 공자는 유가학파를 창립하고 체계적인 정치, 윤리, 도덕 사상을 제시했다. 그는 최초로 사숙을 열어 제자들을 가르쳤으며 고전의 정리와 편찬을 주관했다. 현존하는 『논어』는 제자들이 그의 말을 기록해 엮은 것이다.	약 기원전 563~기원전 483. 석가모니가 불교의 교리와 학설을 완성.	기원전 670~기원전 500. 그리스의 많은 폴리스가 참주 정치를 실행. 그리스 아테네의 집정관 솔론이 정치, 경제 개혁을 실행하고 새로운 법전을 반포. 기원전 509년, 로마인들은 반란을 일으켜 왕정을 종식시키고 로마공화국(집정관+민회+원로원)을 수립.
기원전 5세기	기원전 496~기원전 482년, 오나라와 월나라의 패권 다툼. 기원전 476년, 춘추시대의 종결. 약 기원전 476~기원전 390년, 묵자가 묵가학파를 창립하고 겸애兼愛, 상현尙賢, 상동尙同, 비명非命 등의 정치철학을 전개하고 논리의 전통을 중시했다. 당시 유가와 어깨를 나란히 했다. 기원전 456년, 진秦이 현縣을 설치한 첫해. 기원전 408년, 진秦이 현물로 개인 토지세를 받기 시작. 기원전 403년, 한韓, 위魏, 조趙가 진晉을 삼분함.	기원전 500년, 카스트 제도가 기본적인 특징들을 완비하고 작용하기 시작.	약 기원전 500~기원전 449년, 그리스와 페르시아의 전쟁 발발. 그리스 폴리스들은 힘을 합쳐 페르시아 제국의 침략에 저항했다. 기원전 451~기원전 450년, 로마는 유명한 '12표법'을 제정했다.

연대	중국	인도	메소포타미아와 그리스
기원전 6세기	기원전 379년, 전씨田氏가 제나라의 권력을 장악. 기원전 372~기원전 289년, 맹자가 공자와 유가 사상을 계승·발전시켰다. 인仁의 정치와 인, 의義, 예禮, 지智 등의 도덕규범을 제시해 유학의 대표 인물 중 하나가 되었다. 약 기원전 369~기원전 286년, 장자가 『장자』를 저술했다. 약 기원전 360년, 세계 최초의 천문학서 『감석성경甘石星經』이 완성되었다. 기원전 670년, 상앙商鞅의 변법 시행. 기원전 340~기원전 278년, 시인 굴원屈原이 초사楚辭를 개창하고 『이소離騷』를 지은 뒤 멱라강汨羅江에 몸을 던져 자살했다.	서사시 『마하바라타』와 『라마야나』가 형성되기 시작.	기원전 334~기원전 324년, 마케도니아의 알렉산더 대왕이 동쪽으로 페르시아, 중앙아시아, 인도에 이르는 고대사에서 가장 유명한 원정을 감행.

표 3 미국의 건국 과정

1765년 10월	매사추세츠의 발의로 뉴욕에서 '반反인지세법 대회'가 열리고 9개 식민지 대표가 참가했다. 이 대회에서는 버지니아의 "대표 없는 과세는 없다"는 의견을 원칙으로 채택했다. 식민지 대표가 참여하지 않은 영국 의회의 결정은 따를 필요가 없다는 것이었다. 이로써 '아메리카 민족'이라는 개념이 생겨났다.
1770년 3월 5일	매사추세츠 보스턴에서 영국군이 시위자들에게 발포하는 사건이 벌어졌다. 이것을 '보스턴 학살 사건'이라고 부른다.
1773년 12월 16일 저녁	매사추세츠 보스턴에서 시위자들이 영국 동인도회사의 배에 침입해 차茶 수백 상자를 바다에 던졌다.
1774년 9월 5일	13개 식민지의 대표 55명(조지아 주 대표는 총독의 저지로 출석하지 못함)이 펜실베이니아 필라델피아에 모여 제1차 대륙회의를 개최하고 '권리선언'을 통과시킴으로써 식민지인들이 '생존, 자유, 재산소유의 권리'가 있음을 선언했다.
1775년 4월 19일	독립전쟁이 매사추세츠 렉싱턴과 콩코드에서 시작되었다.
1775년 5월 10일	제2차 대륙회의가 필라델피아에서 열리고 조지 워싱턴을 독립군 총사령관으로 선임했다.
1776년 6월 7일	제2차 대륙회의는 '13개 식민지의 독립과 자유'에 대한 리처드 헨리 리의 의견을 받아들여 존 애덤스(매사추세츠), 벤저민 프랭클린(펜실베이니아), 토머스 제퍼슨(버지니아), 로버트 리빙스턴(뉴욕), 로저 셔먼(코네티컷)을 위원으로 임명, '독립선언서'의 기초 작업을 수행하게 했다.
1776년 7월 4일	'독립선언서' 통과. 이날은 미국의 건국일로 정해졌다.
1777년 11월 15일	제2차 대륙회의는 '아메리카 연합 규약'을 통과시키고 13개 식민지가 영구히 '아메리카 합중국'으로 합쳐졌음을 선포했다.
1781년 10월 17일	영국군이 버지니아 요크타운에서 투항한 것으로 독립전쟁이 종결되었다.

1783년 9월 3일	미국과 파리 조약을 체결함으로써 영국은 미국의 독립을 승인했다.
1787년 5월 25일 ~9월 17일	제헌회의가 필라델피아에서 열려 '연방헌법'을 제정했다.
1787년 12월 7일	'연방헌법'이 제일 먼저 델라웨어에서 비준되었다.
1788년 7월 2일	'연방헌법'이 발효되었다.
1789년 4월 30일	조지 워싱턴이 아메리카 합중국의 초대 대통령에 취임했다.
1789년 9월 25일	연방의회는 12개 조의 '헌법수정안'을 통과시켰다.
1791년 12월 15일	12개 조의 '헌법수정안' 중 10개 조가 발효되었다. 그것들을 '권리 장전'이라고 부른다. 그중 가장 중요한 것은 '헌법 수정 제1조'로서 "의회는 국교를 정하거나 종교 행위를 금지하는 법을 제정해서는 안 된다. 또 의회는 언론·출판의 자유 또는 국민이 평화적으로 집회할 수 있는 권리와 고충 처리를 위해 정부에 청원할 수 있는 권리를 제한하는 법을 제정해서는 안 된다"고 규정했다.

표 4 중국과 인도 비교

연대	중국	고대 인도
기원전 24세기 ~ 기원전 20세기	기원전 1988~기원전 1979년, 계가 하후夏候라고 칭하고서 "천하를 집으로 삼았다."	첫 번째 시대: 인더스 문명 시대(약 기원전 2300~기원전 1750). 인도 최초의 문명으로서 그 중심은 인더스 강 유역의 하라파와 모헨조다로로, 이 두 곳이었다. 그래서 '하라파 문명'이라고도 한다.
기원전 19세기 ~ 기원전 15세기	약 기원전 16세기, 탕湯이 걸桀을 토벌함으로써 하나라가 망하고 상나라가 세워졌다.	두 번째 시대: 초기 베다시대(약 기원전 1500~기원전 1000)이며 카스트 제도가 싹텄다.
기원전 15세기 ~기원전 12세기	반경이 은으로 천도.	
기원전 11세기~ 기원전 9세기	기원전 1046년, 주 무왕은 상나라를 멸하고 서주를 세웠다.	찬란했던 인더스 문명이 수수께끼처럼 멸망한 이후의 200년 가까운 역사가 잘 알려져 있지 않다. 대략 기원전 1500년부터 인도유럽어족인 아리아인이 침입해왔다. 그리고 기원전 900년이 되어 비로소 아리아인이 문명기에 진입했다. 혹은 고대 인도가 두 번째로 문명기에 진입했다고도 말할 수 있다.
기원전 9세기~ 기원전 8세기	기원전 841년, 소공과 주공이 섭정한 것을 공화라고 하며 이로부터 정확한 연대 기록이 시작되었다. 기원전 771년, 서주의 멸망. 기원전 770년, 주 평왕平王이 동쪽 낙양으로 천도하여 동주가 시작되었다. 역사적으로는 춘추시대(기원전 770~기원전 476)에 진입.	세 번째 시대: 후기 베다시대(기원전 900~기원전 600). 아리아인의 국가가 성립되고 브라만교가 전파되었다. 그리고 고대 인도 최초의 철학서이자 브라만교의 경전인 『우파니샤드』가 형성되었다.

연대	중국	고대 인도
기원전 6세기 ~ 기원전 5세기	기원전 496~기원전 482년, 오나라와 월나라의 패권 다툼. 기원전 403년, 한·위·조의 진晉나라 삼분. 기원전 476년, 춘추시대 종결.	네 번째 시대: 열국시대(기원전 600~기원전 400)이며 '초기 불교 시대'라고도 한다. 여러 나라가 할거해 서로 다투면서 점차 통일의 기초를 다진 시대. 이때 인도의 경제, 정치, 문화의 중심이 동쪽, 즉 갠지스 강 유역으로 이동했다. 인더스 강 유역은 중요한 지위를 잃었을뿐더러 기원전 518년 페르시아 제국에 점령되어 그 제국의 한 행정구역이 되었다. 약 기원전 563~기원전 483년, 불교의 창시자 석가모니가 불교 교리와 학설을 완성.
기원전 4세기	기원전 379년, 전田씨의 제나라 권력 장악. 기원전 356년, 상앙의 변법 기원전 343년, 제나라가 위나라를 쳐서 한나라를 구하고 위나라의 대군을 마릉馬陵에서 크게 무찔렀다. 기원전 307년, 조 무령왕武靈王이 호복胡服을 입고 말 위에서 활을 쏘았다.	다섯 번째 시대: 마우리아 왕조 시대(기원전 324~기원전 187). 인도 최초의 통일시대. 알렉산더 대왕이 페르시아를 멸망시킨 뒤, 인더스 강 유역은 그의 제국 영토가 되었다. 그러나 알렉산더 대왕이 인도를 떠난 뒤, 찬드라 굽타 1세가 그의 수비군을 쫓아내고 통일의 대업을 완성, 마우리아 왕조를 세웠다.
기원전 3세기 ~기원전 1세기	기원전 260년, 진나라와 조나라의 장평長平 전투. 기원전 256년, 주 난왕赧王이 죽고 진이 구정九鼎을 가져감으로써 서주가 망했다. 기원전 249년, 진이 동주를 멸함으로써 주나라가 망했다. 기원전 246년, 진나라가 대형 수로 정국거鄭國渠의 공사를 시작. 기원전 238년, 진왕 정이 국정을 장악. 기원전 221년, 진나라가 여섯 나라를 멸하여 전국시대가 막을 내렸다. 진왕 정은 진시황이라 칭하고 진(기원전 221~기원전 206년)을 건립.	마우리아 왕조는 3대 국왕 아소카 때(기원전 324~기원전 187)에 번영기로 들어섰다. 기원전 187년 마우리아 왕조가 멸망한 뒤, 인도의 역사는 오랫동안 불분명해졌고 그리스-박트리아인, 파르티아인, 대월지인 등의 이민족이 끊임없이 침략해왔다. 그중 중국에서 서역의 대월지인으로 알려진 민족만이 인도 북부에 안정적인 정권(쿠샨 왕조)을 수립했다.

203

연대	중국	고대 인도
기원전 3세기 ~ 기원전 1세기	기원전 209년, 진승陳勝, 오광吳廣이 기현蘄縣 대택향大澤鄉에서 봉기. 기원전 206년, 항우는 서초패왕西楚覇王, 유방은 한왕韓王이 되어 초한전쟁 발발. 기원전 202년, 춘추시대 종결.	
1세기	왕망王莽이 진천자眞天子가 되었고 그의 신新나라는 8~23년까지 유지되었다. 25년, 유수劉秀가 제위에 올라 수도를 뤄양으로 정했다. 이로써 후한後漢이 시작되었다.	여섯 번째 시대: 쿠샨 왕조 시대(1~3세기)이며 이 왕조의 건립자는 중국 둔황과 기련산祁連山 일대에 살았던 대월지인들의 일파였다. 제3대 국왕 카니슈카(78~102) 때 쿠샨 왕조는 번영기에 들어섰으며 수도는 푸루샤푸라였다. 이때 쿠샨 왕조의 영토는 중앙아시아, 남아시아까지 포괄하여 로마, 파르티아, 후한과 함께 당시 세계 4대 제국이었다. 그러나 카니슈카가 죽은 뒤 몰락하기 시작해 3세기에는 이미 여러 개의 소국으로 분열되었다. 이때부터 인도 역사는 4세기 굽타 왕조가 나타날 때까지 다시 불분명한 단계로 들어섰다.

　기원전 2300년부터 굽타 왕조가 출현하기까지 고대 인도는 137년 간의 마우리아 왕조와 100년 가까운 쿠샨 왕조가 통일을 이뤘던 것을 제외하고는 전부 여러 나라로 분열된 상태였다. 심지어 실체가 밝혀지지 않은 시대도 있다.

연대	중국	고대 인도
2~5세기	위진남북조 시대	굽타 왕조(320~540) 찬드라 굽타 2세(380~415) 때 국가가 가장 강성했다.
6~9세기	581년, 양견楊堅이 북주北周를 대신해 황제라 칭하고 국호를 수(581~618)라고 했다. 수도는 장안이었다. 589년, 수나라 군이 건강建康을 점령해 진陳의 후주後主를 포로로 삼으면서 진이 멸망했다. 이로써 남북이 다시 통일되었다. 618년, 이연李淵이 황제라 칭하고 국호를 당(618~907)으로 정하면서 수나라는 망했다. 907년, (907~923년) (902~979년)	훈족의 침입 시기(5~6세기). 5세기 중엽, 훈족이 중앙아시아로부터 인도를 침입해 왔다. 굽타 왕조는 그 타격으로 여러 개의 소국으로 분열되어 내전에 빠져들었다. 540년, 굽타 왕조의 통치는 막을 내렸다. 하르샤 왕조(606~647)가 출현해 훈족을 축출했으며 하르샤바르다나 왕이 북인도를 통일하고 스탕비사르바라에 수도를 세웠다. 그의 영토는 동쪽으로는 벵골 만, 서쪽으로는 펀자브의 대부분의 북인도에 이르렀다. 하르샤바르다나 왕의 통치 기간은 마침 현장의 인도 방문 시기와 맞아떨어졌다. 그는 현장을 매우 예우했다. 라지푸트인의 시대(7세기 중엽~12세기 말). 하르샤바르다나 왕이 죽은 뒤 제국은 분열에 빠졌다. 8~10세기, 인도에서는 세 개의 왕조가 패권을 놓고 다퉜다.
10~12세기	960년, 조광윤은 진교병변陳橋兵變을 일으켜 황제라 칭하고 국호를 송(960~1279)이라고 했다. 이로써 후주後周는 망했다. 1115년, 여진의 수령 아골타가 회녕會寧에서 황제라 칭하고 국호를 대금大金(1115~1234)이라 했다. 역사에서는 금이라고 한다. 1127년, 금은 동경東京을 함락시켜 휘종徽宗, 흠종欽宗 두 황제를 포로로 삼았고 북송은 멸망했다. 강왕康王 조구趙構(고종)가 남경에서 즉위하여 남송이 시작되었다.	가즈나 왕조(962~1186). 중앙아시아 아프가니스탄에서 일어난 돌궐인이 북인도에 침입해 세운 왕조. 인도 남부에서는 10~12세기에 촐라 왕조가 출현했다. 이 왕조는 멀리 스리랑카를 원정한 적이 있고 아랍과 무역 왕래가 잦았다. 12세기 말에 분열되었다.

연대	중국	고대 인도
13~ 16세기	1206년, 테무진이 몽골을 세우고 칭기즈칸으로 칭했다. 1271년, 쿠빌라이가 국호를 '대원大元'으로 정하여 원 왕조(1271~1368)가 시작되었다. 1279년, 원나라 군이 애산崖山을 격파하고 육수부陸秀夫가 어린 황제를 업고 바다에 뛰어들어 죽으면서 송나라가 망했다. 그래서 "애산 이후에는 중화가 없다崖山之後無中華"라는 견해가 생겨났다. 1368년, 주원장이 응천應天에서 황제라 칭하고 국호를 명(1368~1644)이라 했다. 원 혜종惠宗은 상도上都로 도망쳤고 역사가들은 그것을 북원北元이라 부른다. 명나라 군이 대도大都에 입성하면서 원은 망했다.	델리 술탄 왕조(1206~1526) 1206년, 구르 왕조의 술탄 무하마드가 살해당하고 나라가 분열되었을 때, 인도 지역을 통치하던 총독(무하마드의 장군으로서 이름은 쿠트부딘 아이바크였다)이 델리를 중심으로 독립해 스스로 술탄이 되었다. 그래서 델리 술탄 왕조라고 불렸으며 이때부터 북인도를 통치했다. 이 시대에는 모두 다섯 왕조가 교체되었다. 무굴 왕조(1526~1858) 무굴 왕조의 창립자는 티무르의 후예 바베르로서 스스로 몽골인이라고 했다. 1526년 4월, 바베르는 2만 명의 대군을 이끌고서 델리 술탄을 격파하고 무굴 왕조를 세웠다. 1529년에는 북인도를 통일했다. 악바르(1556~1605)가 즉위한 뒤, 무굴 왕조는 전성기를 맞았다. 역사상 최대의 영토를 확보하여 북쪽으로 아프가니스탄과 카슈미르까지 포괄했다.
17세기	1616년, 누르하치가 칸이라 칭하고 국호를 금이라 했으니 역사에서는 후금後金이라 부른다. 1636년, 황태극皇太極이 선양에서 즉위하고 국호를 청(1636~1911)으로 고쳤다. 1644년, 이자성李自成이 베이징을 점령하고 숭정제崇禎帝가 목을 매어 자살하면서 명나라는 망했다. 1645년, 청나라가 난징을 점령하여 남명南明의 홍광弘光 정권이 망했다.	
19세기		1849년, 영국의 동인도회사가 펀자브 병탄을 선포하고 인도 정복을 마쳤다. 1858년, 인도는 대영제국의 영토가 되었다. 1877년, 영국 국왕이 인도 황제를 겸임했다.

표 5 인도의 이민족 침입사

기원전 518년부터 차례로 인도를 침략한 이민족은 페르시아인, 마케도니아인, 조지인條支人(지금의 시리아인), 그리스-박트리아인, 파르티아인, 돌궐인, 투르크족, 몽골인 그리고 마지막에는 포르투갈인, 네덜란드인, 프랑스인, 영국인이었다. 이상하게도 아리아인 자신들의 마우리아 왕조와 굽타 왕조는 200여 년 만에 망했는데, 돌궐인의 델리 술탄 왕조와 몽골인의 무굴 왕조는 300년 넘게 지속되었다.

시간	사건
기원전 11세기 ~기원전 9세기	전기 베다시대와 후기 베다시대 사이 200년간의 역사가 모호.
기원전 6세기	기원전 518년, 페르시아인이 갠지스 강 유역을 점령.
기원전 4세기	기원전 325년, 마케도니아의 알렉산더 대왕이 인도에 진입. 기원전 304년, 조지인이 인도 북부(지금의 파키스탄 펀자브 지역)를 침략했지만 마우리아 왕조의 건립자 찬드라 굽타의 대항에 부딪혀 화의조약 체결.
기원전 2세기	그리스-박트리아 왕국의 데메트리오스 1세가 기원전 180년 인도 북부를 침략하기 시작.
1세기	대월지가 세운 쿠샨 왕조가 북서쪽에서 인도에 침입.
5세기 중엽	훈족이 중앙아시아 쪽에서 인도로 침입.
8세기	712년 무함마드 빈 카심이 이끄는 아랍군이 신드 지역을 점령하고 라호르를 중심으로 한 펀자브를 병탄. 이후 펀자브는 무슬림 지역이 됨.
10~11세기	돌궐인이 아프가니스탄에 세운 가즈나 왕조의 마흐무드가 17차례(15차례라고도 함)나 북인도를 침공.
13세기	1206년, 돌궐인의 계속된 침공의 결과로 델리 술탄 왕조(노예 왕조, 할지 왕조, 투글루크 왕조, 사이이드 왕조, 로디 왕조)가 시작되었다.
16~18세기	몽골인들이 인도에 침입해 델리 술탄 왕조를 격파하고 무굴 왕조를 건립.
17~19세기	영국이 인도에 침입하여 통치했다. 1600년, 영국의 동인도회사가 설립되었고(나중에 네덜란드와 프랑스도 차례로 동인도회사를 설립했다), 1623년에는 영국과 네덜란드가 묵계를 맺고서 네덜란드는 인도네시아를, 영국은 인도를 독점하기로 했다.

표 작성자: 천친陳勤

易中天中國史 — 02 국가

이중톈 중국사

1판 1쇄	2013년 12월 24일
1판 2쇄	2014년 4월 25일

지은이	이중톈
옮긴이	김택규
펴낸이	강성민
기획	김택규
편집	이은혜 박민수 이두루
편집보조	유지영 곽우정
마케팅	이연실 정현민 지문희
온라인 마케팅	김희숙 김상만 한수진 이천희
독자모니터링	황치영

펴낸곳	(주)글항아리	출판등록 2009년 1월 19일 제406-2009-000002호
주소	413-120 경기도 파주시 회동길 210
전자우편	bookpot@hanmail.net
전화번호	031-955-8891(마케팅) 031-955-8897(편집부)
팩스	031-955-2557

ISBN	978-89-6735-089-5 03900

글항아리는 (주)문학동네의 계열사입니다.

이 도서의 국립중앙도서관 출판시도서목록(CIP)은 서지정보유통지원시스템 홈페이지
(http://seoji.nl.go.kr)와 국가자료공동목록시스템(http://www.nl.go.kr/kolisnet)에서
이용하실 수 있습니다. (CIP제어번호 : CIP2013025825)